ちくま新書

古代中国王朝史の誕生

——歴史はどう記述されてきたか

1771

佐藤信弥
Sato Shinya

古代中国王朝史の誕生——歴史はどう記述されてきたか【目次】

第二部　歴史書と歴史観　115

まえがき

中国古代の歴史書に関して、筆者には好きな話がひとつある。『春秋左氏伝《しゅんじゅうさしでん》』の襄公《じょうこう》二十五年に見えるエピソードである。春秋時代、現在の山東《さんとう》半島に位置する斉《せい》の国に崔杼《さいちょ》という重臣がいた。この人が棠姜《とうきょう》という未亡人にひと目ぼれして妻に迎えた。

ところが悪いことに斉の君主の荘公《そうこう》が以前からこの棠姜と私通していたのである。だから彼女が崔杼と再婚したあとも、荘公は崔杼の邸宅に通って関係を続けた。それだけでなく彼の冠を持ち出して人に与えて辱《はずかし》めたりした。これを怨んだ崔杼は、荘公がまた屋敷にやって来た際に、兵に屋敷を取り囲ませて荘公を追い詰め、殺害してしまう。

その際に史官《しかん》（書記官）にあたる大史《たいし》が斉国の歴史書に「崔杼、其の君を弑《しい》す」、つまり崔杼が主君を殺害したと記録したので、崔杼は大史も殺害した。「弑」とは目下の者が目上の者を殺害するという意味である。そしてその後を継いだ大史の弟たち二人も同じように記録したので、崔杼は彼らも殺害した。しかし大史の四番目の弟も同じように記録すると、さしもの崔杼もとうとう音を上げて諦めた。

この時、大史氏兄弟の分族にあたる南史氏が、彼らが全員殺されたと聞いて「崔杼、其の君を弑す」と書いた竹簡を手に朝廷へと向かっていたが、四番目の弟が使命を果たしたと聞くと引き返した。筆者が好きなのは、この南史氏のしつこさ、ダメ押し感なのである。

物事を記録するということに対するこの種のしつこさは、現代の中国人もきっちり受け継いでいるようである。たとえば女性作家の方方《ファンファン》は、二〇二〇年の年頭に新型コロナウイルスの蔓延をうけて自分の暮らす湖北省の武漢市が封鎖されると、旧正月から六十日にわたって日記をネットで発表し続けた。

自分の日記が気に食わない人々にネット上で罵倒されても彼女は書き続けた。彼女のブログでの投稿が、おそらくはプラットフォームの自主規制によって削除されても、更にはブログごと閉鎖されても、あの手この手で投稿し続けた。彼女によると、途中から彼女とまったく面識がなかった別の女性作家に助けを求め、その人を通じて日記を投稿するようになったということである。そうやって六十日間を完走した。

彼女はそこまでしてでも、封鎖された武漢の状況を中国のほかの地域、ひいては世界中の人々に伝えたかったのである。方方はまさしく斉の大史、南史一族の子孫である。

本書では中国古代の歴史書や歴史認識、歴史観の興りと発展の跡をたどっていくことで、中国人の歴史を記録するということに対するこだわりや執念の淵源を探ることにしたい。

最終目標地点は、中国の正史二十四史のトップバッターにあたる司馬遷の『史記』である。『史記』は中国古代の歴史叙述のあゆみのひとまずのゴールと評すべき文献である。

†本書の構成

まず序章では、本題に入る前に中国での記録の興りを確認する。具体的には、現在のところ中国最古の文字記録である甲骨文《こうこつぶん》について見ていきたい。甲骨文といえば占いの記録というイメージを持っておられる読者もいるかもしれないが、甲骨文のすべてが占いの記録というわけでもない。

第一章から第四章までの本編にあたる部分は、「歴史認識」編と「歴史書と歴史観」編の二部構成となっている。

「歴史認識」と「歴史観」は同義語として用いられることもある。本書では、「歴史認識」は「明治維新」や「昭和天皇」、あるいは「従軍慰安婦」といったような個別の歴史的事件、人物、事項などに対する評価や見方を指すのに用いる。これに対して「歴史観」の方は、「進歩史観」「皇国史観」、マルクス主義による「唯物史観」といったように、歴史を全体的にどう見るかという見方や視座を指すのに用いる。

歴史書と言っても、中国で歴史書と呼べるものが現れてくるのは戦国時代（前五世紀半ば～前二二一年）になってからである。第一部ではそれ以前の時代を扱うが、第一部の第一章では、殷周の王朝交替、西周王朝の正規軍、祖先の系譜、天命など、西周時代（前一一世紀中盤～前七七一年）から春秋時代（前七七〇年～前五世紀半ば）にかけての歴史認識について、同時代史料である金文《きんぶん》（青銅器の銘文）を史料として探っていく。第二章では、今度は後代に編纂された『詩経《しきょう》』や『左伝《さでん》』（『春秋左氏伝』の略称）などの文献を史料として、西周時代や春秋時代に語られたとされる中国の神話について見ていきたい。

第二部の第三章では、春秋時代の魯《ろ》国の歴史書とされる『春秋』、その伝（注釈）とされる『左伝』、戦国時代の魏《ぎ》国の歴史書とされる『竹書紀年《ちくしょきねん》』など、戦国時代に編纂された歴史書、そして孔子、孟子、墨子など諸子百家が持っていた歴史観を扱う。第四章では、目標地点に定めた『史記』の編纂とその背景について探っていく。またそれに付随して、『史記』編纂にも影響した始皇帝の焚書《ふんしょ》と、その前提となる当時の書籍の形態と流布についても見ていくことにする。

終章は本書の附論である。司馬遷は『史記』を編纂するとともに、太初暦《たいしょれき》という暦の制定に携わったとされている。暦や紀年と絡める形で、司馬遷の生きた前漢（前二〇六年～後八年）の武帝の時代に開始された年号制度の興りについて見ていくことにする。年号と歴史書はあまり関係がないように見えるだろうが、年号制度の興りを探ることで、年号と、特に『春秋』のような年表形式の歴史書の淵源が同根であることが見えてくるだろう。古代の中国人の歴史叙述や歴史学を巡るいとなみがどのようにして『史記』に結実していったのかを、読者の皆さんとたどっていくことにしたい。

＊凡例

本書では甲骨文や金文などの出土文献を引用する際に、原則として現代語訳、原文（漢文書き下し文）の順に掲示した。原文についてはは出来るだけ通行の字体に改め、かつあらかじめ通仮字《つうかじ》に変換した寛式《かんしき》表記を用いる。引用文中の「□」は欠字あるいは不明字を示し、「……」は省略した部分があることを示す。

また、現代語訳内の（　）は、語意の説明、あるいは言葉を補っていることを示す。

序章

記録のはじまり——殷代

†甲骨文の読み方

歴史認識や歴史観、歴史書のはじまりについて見ていく前に、まずは中国での文字記録のはじまりについて確認しておこう。

現在残されている中で、中国で最古の文字記録といえば、殷《いん》の時代（前一六〇〇年ごろ?～前一〇〇〇年代後半）の甲骨文と金文である。甲骨文とは亀の甲羅や牛の骨に文字を刻んだものであり、金文とは青銅器の銘文のことである。

しかしそれ以前の新石器時代の出土物にも、文字らしきものがないわけではない。たとえば陝西省西安市《せんせいしょうせいあんし》の半坡《はんぱ》遺跡からは、文字らしきものを刻んだ陶片が複数出土している。

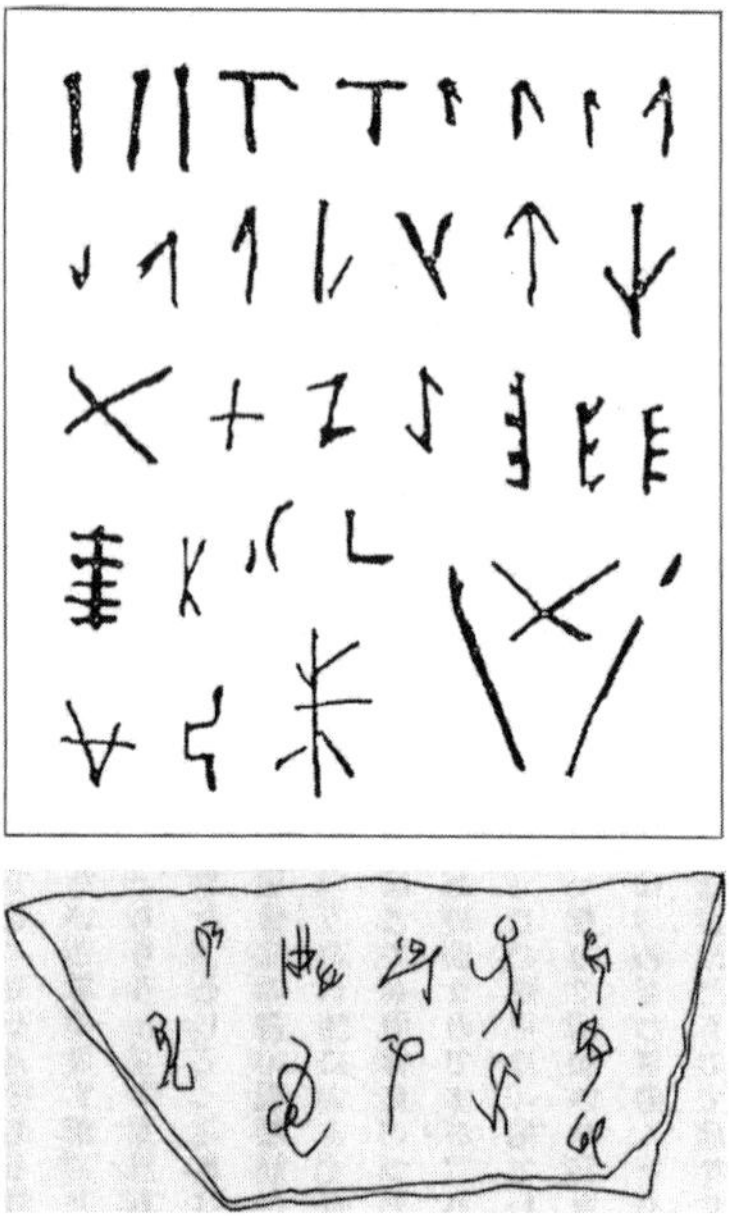

図0-1　新石器時代の符号。上は図0-1-1半坡遺跡陶片符号模本、下は図0-1-2丁公陶片模本（松丸道雄模写）

しかしそれらはひとつの器にひとつだけ刻まれており（図0-1-1）、一般的には文字ではなくマークのような符号と見なされている。また山東省《さんとうしょう》の丁公《ていこう》遺跡からは、複数の文字らしきものを書き連ねた陶器の破片が発見されているが（図0-1-2）、こちらは本当に文字を書き連ねた文章なのかどうか明らかではない。

そういった事情で、現在のところは一般的に殷代の甲骨文と金文が最古の文字記録と見なされているわけである。それでは甲骨文について詳しく見てみよう。甲骨文の多くは王や王族などによる卜占《ぼくせん》の記録であり、こうした甲骨文を卜辞《ぼくじ》と読んだりする。

卜辞は四つの部分に分けられる。その内訳は、①卜占が行われた日付や、卜占の担当者である貞人《ていじん》の名前を記す前辞《ぜんじ》、②卜占の内容を記す命辞《めいじ》、③卜占を主催する王などが吉凶を判断する占辞《せんじ》(あるいは繇辞《ちゅうじ》とも)、④卜占が的中したかどうかを記す験辞《けんじ》である。

甲骨文の見本として、以下に『合集《がっしゅう》』一〇四〇五正を挙げる(以下、本書では甲骨文や金文を引用する際に、それらの出典となる図録の略称と番号を付記する。図録の正式名称については巻末の参考文献欄をご参照頂きたい)。

①前辞：癸巳《きし》の日に卜占を行い、㱿《かく》が問うた。
〈癸巳卜《ぼく》す、㱿貞《と》う。〉

②命辞：この十日の間に悪いことが起こらないだろうか。
〈旬《じゅん》に憂い亡《な》きか。〉

③占辞：王が吉凶を判断し、「やはり祟《たた》りがあるであろう」と言った。
〈王占いて曰く、「乃ち茲《ここ》に亦《ま》た祟り有らん」と。〉

④験辞：確かにその通りになった。甲午《こうご》の日に、王が田猟《でんりょう》に行って水牛を追っていると、小臣由《しょうしんゆう》の馬車が王の乗車に衝突し、子央《しおう》も乗車から転落した。
〈若《じゃくしょう》偁たり。甲午、王、往《ゆ》きて兕《じ》を逐《お》うに、小臣由の車馬、王の車に硪䡊し、子央も
また墜《お》つ。〉

図0-2 『合集』一〇四〇五正 拓本

『合集』一〇四〇五正には合計六件の甲骨文が刻まれているが、ここで取りあげたのは卜甲の中央部に刻まれているものである（図0‐2の四角形の枠線部）。文中の癸巳や甲午というのは甲乙丙丁などの十干《じっかん》と子丑寅などの十二支を順番に組み合わせた干支《かんし》による日付の順序である。当時は「甲子《こうし》」からはじまり「癸亥《きがい》」に終わる六十通りの干支で日付を数えていた。また「㱿」というのは卜占を担当する貞人の名前である。

この卜辞では、癸巳の日にこれからの十日間の吉凶を占い、甲羅を焼いて王がそのひび割れの様子から何か悪いことが起こると凶兆を読み取った。そして実際に翌日の甲午の日に王がお伴を引き連れて狩りに出ると、馬車の衝突事故により負傷者が出たということを記録しているのである。

なお、この卜辞の原文にある「兕」は一般的に犀《さい》を示すとされているが、単育辰の意見を参照すると水牛を示すと見た方がよさそうである。ただ、殷の都があった現在の河南省《かなんしょう》安陽市《あんようし》の殷墟《いんきょ》では犀の骨も発掘されている。当時の中国では犀が生息していたようである。

†記録としての卜辞

前項で挙げた卜辞では狩猟での事故について記録しているが、卜辞に記述されていることは、ほかにも王の祖先や神々に対する祭祀のこと、戦争の勝敗、王や王妃の病気のこと、気象や穀物の実りのことなど様々である。

そうした卜辞は、卜占の後に記録として刻まれた。卜占に用いられた甲骨に占った内容や卜占の結果を記録するというのは、考えてみれば珍しいことではないだろうか？　動物の骨を焼いて卜占をするという風習は、中国のほかにも世界各地で見られる。日本では『三国志』魏書《ぎしょ》の東夷伝《とういでん》・倭人の条（いわゆる魏志倭人伝）に卜骨の風習に関する記述があるのはよく知られているが、実際は卑弥呼の時代以前の弥生時代の遺跡から卜骨や卜甲が発見されている。

しかしそれらには卜占の内容などは記録されていない（無論卑弥呼の時代の倭国などはそもそも文字表記がそれほど普及していなかったという事情もある）。筆者の知る限り、七世紀から九世紀にかけて現在のチベットに存在した吐蕃《とばん》の卜骨に墨書が見られるのが数少ない例外である。実の所中国殷代の甲骨でも卜辞のないものが多く発見されている。

ところで殷人は卜辞を後に記録として参照するということがあったのだろうか？　これについては一部の甲骨に丸い穴があけられているのが確認されている。これは紐《ひも》を通して複数の甲骨を取りまとめて保管するためのものであるとされている。

また前項で取り上げた甲骨には右上の方に「癸巳、一月」という表記がある（図0－2の円形の枠線部）。こうした記述について崎川隆は、卜辞の内容を要約したもので、書籍とか新聞で言えば目次や見出し、ヘッドラインにあたるものではないかと推測している。この場合は、ある年の一月の癸巳の日に行われた卜占がこの甲骨に記述されているという見出しとなるわけである。

こうしたことから、殷人は時に卜辞を記録として参照することがあったのだろうと考えられるわけである。

†卜辞以外の甲骨文

甲骨文と言えば卜占という印象が強い。甲骨文の中に卜辞が占める割合が高いのは事実だが、実は卜辞以外の甲骨文も少数ながら存在する。

そういったものは記事刻辞《きじこくじ》と呼ばれる。たとえば卜占に必要な資材の納入記録であるとか、狩猟に関する記録、貴族の系譜を記録したと見られるもの、日付を順番に並べた干支表などである。このほか、習刻《しゅうこく》といって練習用として刻まれた刻辞も存在する。

ここでは一例として、狩猟に関する記録を見ておこう。

壬午《じんご》の日に、王は麦《ばく》の麓《ふもと》で狩りを行い、灰色の水牛を得た。王は宰丰《さいほう》に賞賜し、（その賞賜品は）寝小䇂《しんしょうし》が手渡した。王の六年五月の彡祭《ゆうさい》を行った日のことである。
〈壬午、王、麦麓に田《かり》し、商戠《しょうしょく》の兕《じ》を獲《え》たり。王、宰丰に賜《たま》うに、寝小䇂、貺《おく》る。五月に在り、唯《こ》れ王の六祀《し》彡日《ゆうじつ》。〉

ここで引用したのは『合補』一一二九九に著録されている刻辞である（図0－3）。殷の王が山の麓で狩りを行って水牛をしとめ、狩猟に随行していたと思しき宰丰に褒美を賜ったという内容である。この宰丰の名前を取って宰丰骨刻辞と呼ばれたりもする。これ以外にも同種の骨刻辞が発見されている。

図0-3　宰丰骨刻辞。左は図0-3-1裏面拓本、右は図0-3-2表面拓本

この刻辞では卜占に関する記述が見えず、出来事を記録するのみで、書式は殷代の金文と変わらない。刻辞が刻まれた骨の表面には青銅器のように紋様が施され、更にトルコ石が象嵌《ぞうがん》されている（図0‐3‐2）。記念品として作られたのだろう。

ほかに鹿や牛の頭骨、更には人頭骨（！）にも刻辞が見られるものがある。いずれも宰丰骨刻辞と同様に、狩猟や戦争の際に記念として文字を刻んだものと見られる。

†殷代の竹簡をめぐって

ここまで殷代の甲骨文について見てきたが、殷の時代には甲骨と青銅器以外の書写媒体が存在しなかったのかというと、おそらく後の時代と同じく、竹簡・木簡や布（このうち絹の布に書写したものを帛書《はくしょ》と呼ぶ）が主要な媒体として使われていたのではないかと想定されている。中国では紙が発明され、普及するまでは簡牘《かんとく》と布が主な書写媒体だった。簡牘とは竹簡と木簡の総称である。あるいは一片に一行を書き記すための「簡」に対して、一枚に複数行を書き記すための幅広の簡を牘と呼ぶこともある。

ただ、古い時代のものについては、これらは地中に豊富な水分が含まれているとか、逆に砂漠地帯のように極度に乾燥しているといった特殊な条件がないと現代まで残らない。簡牘も帛書も、いずれも現在発見されている中で最古のものは戦国時代のものである。

甲骨や金文は材質の特性上たまたま運良く現代に残されたにすぎないのである。我々は現に発見されているものだけではなく、発見されていないものについても思いを致《いた》す必要がある。

現在のところ殷代の簡牘が発見されていない一方で、間接的な形ではあるが、存在したことを示す手がかりがいくつかある。まずは簡牘に字を書く道具、つまり毛筆の存在である。これも実物が発見されているわけではないが、墨書あるいは朱書で文字が書かれたと見られる玉器や石器、陶器、甲骨が発見されている。

そして簡牘そのものに関する手がかりとしては、まず甲骨文の「冊」字の字形である。「冊」は、字義としては簡牘の束を順番に紐で編《あ》んだものを指す。図0－4－1の左側の写真のように、普段はこれを円筒状に巻いて保管する。「冊」の甲骨文の字形は図0－4－2に示す通りである。これは一般に簡牘を紐で編んだ状態をかたどっているとされる。すなわちこの文字が使われた殷代に簡牘が存在したということになるわけである。

別の手がかりも挙げてみよう。二〇一〇年に殷墟のあった安陽市の大司空《だいしくう》村《そん》の東北で甲骨文を刻んだ牛骨が発見された（図0－4－3）。表面と裏面の両方に刻辞がある。残されていたのは刻辞の一部のようであるが、「水を渉《わた》る」「子宋《しそう》（おそらく人名）を敗《やぶ》る」とい

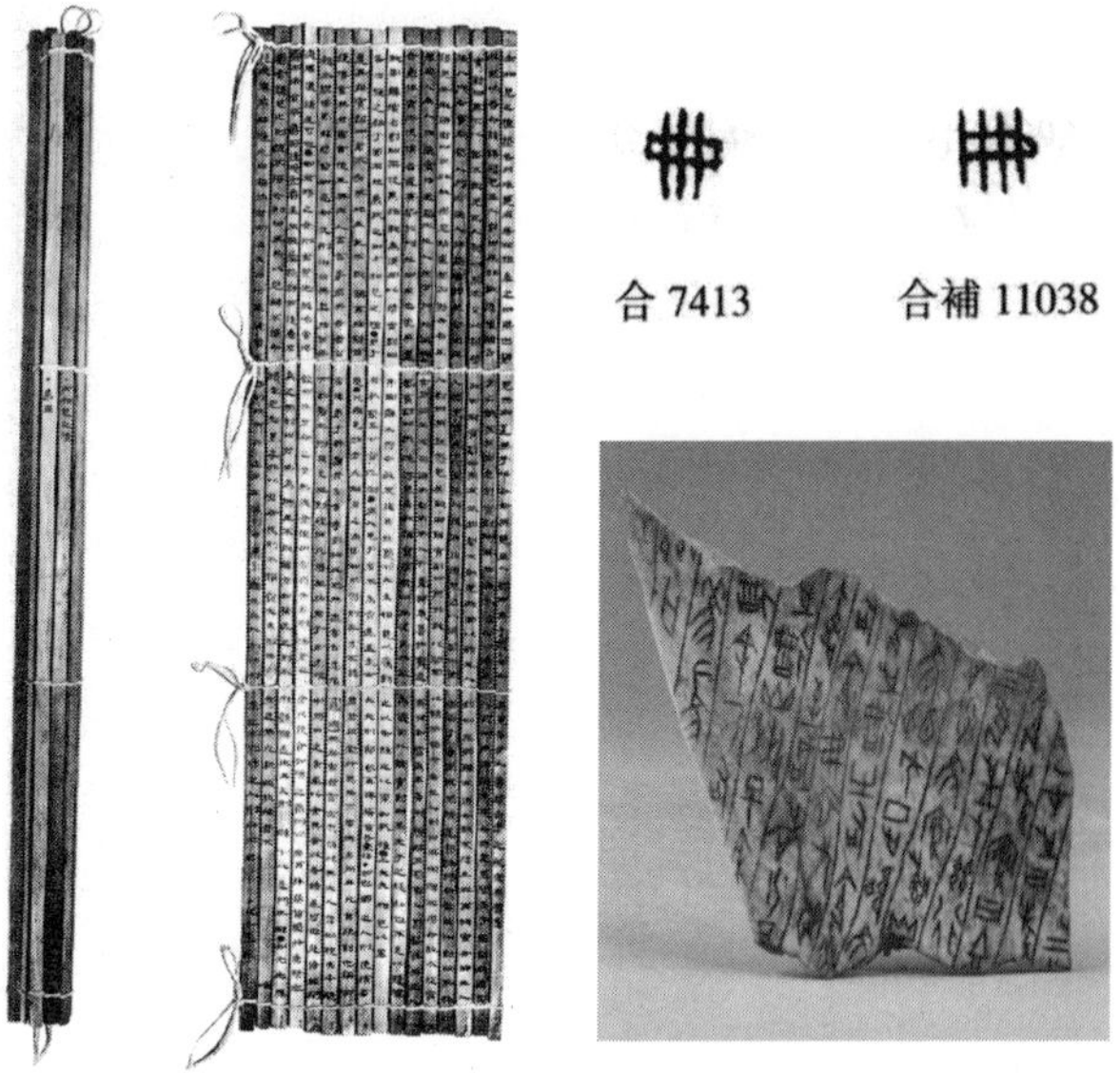

図 0-4　竹簡と甲骨文字。左は図 0-4-1 紐で編んだ竹簡（復元品）、右上は図 0-4-2 甲骨文字の「冊」。右下は図 0-4-3 安陽市大司空村甲骨

った記述が見えることから、戦争の記録ではないかと推測されている。ただ、刻辞としてはほかに例を見ない形式であり、何らかの原本を写し取った習刻ではないかとされている。

更に注目されるのは、行ごとに引かれている罫線《けいせん》のような縦線である。これは竹簡の形状に関係があるのではないかとか、習刻に際して参照された原本が竹簡であったことによるのではないかと考えられている。更には、この刻辞から書記

官にあたる史官《しかん》の存在を想定する研究者もいる。ほかの甲骨文にも、ここまではっきりしたものではないにしろ、同類の縦線の痕跡が認められるものが存在する。

以上のようなことから、殷代には既に簡牘が存在したと見てよいのではないかと筆者は考えている。甲骨卜辞についても、原始的な形ではあっても殷代に簡牘による文書のようなものがあり、それが背景となって卜占の記録として卜辞が刻まれるようになったのではないだろうか。

第一部

歴史認識

第一章

同時代史料から見る――西周～春秋時代Ⅰ

1　記録文書としての金文

†金文とは

殷の次の西周時代（前一一世紀中盤～前七七一年）にも甲骨文が存在しているが、質量ともに主要な史料となるのは金文《きんぶん》である。同時代の歴史認識についても金文から見出せる。そこでまずは金文について簡単に解説していくことにする。

前述のように、金文とは青銅器の銘文のことである。殷周時代には宗廟《そうびょう》での祖先祭祀や死者の埋葬の際に青銅器が用いられた。青銅器には神霊や動物の紋様のほか、祖先や自己の功業などを記述した文章が鋳込まれている。おそらく祭祀の際にその文章が読み上げられたと推測されている。

「文章が鋳込まれている」と書いたが、大多数の金文は青銅器の表面に一文字一文字タガネなどで彫られたものではなく（ごく少数そういった事例もあるが）、紋様と同様に鋳型《いがた》を作って青銅器を鋳造する際に鋳込まれるものなのである。

ただ、その鋳型をどうやって作り、どのようにして鋳込んだのかについては昔から様々な議論があり、未だ定説と呼べるものは存在しない。近年では山本堯が、金文の鋳型は石膏《せっこう》を含有した土で作ったプレートの上から、泥を溶かした水を筆に含ませて、文字の字形が凸型に浮き出るように、かつ左右反転形に塗り重ねていくという手法で製作されたのではないかとする説を提唱して注目された。詳細は省くが、このような鋳型を用いることで、最終的に凹型で正転形の銘文が仕上がるという説である。

ここで金文の呼称についても触れておこう。金文は通常、［作器者《さくきしゃ》の名］＋［器の種類］の組合せによって呼称される。作器者とは工房に青銅器の製作を発注した人物のことである。たとえば頌鼎《しょうてい》という金文の場合は、頌という人物が製作を発注した鼎《かなえ》という種類の器に鋳込まれた銘文ということである。

ただ、同一人物が同じ種類の器を複数製作することもある。その場合は大盂鼎《だいうてい》、小盂鼎のように器の大小で区別したり、あるいは五年琱生簋《ごねんちょうせいき》、六年琱生簋と銘文に見える年数で区別したりする。

†製作縁起から記録文書へ

それでは金文にはどのようなことが記述されているのだろうか。これは時代や時期によって変化がある。

当初青銅器には銘文が存在していなかった。殷代になって、まず族徽《ぞくき》（族氏銘文《ぞくしめいぶん》とも）と呼ばれるものや、「祖甲《そこう》」「父乙《ふいつ》」といった、その青銅器を捧げる対象となる父祖の号が鋳込まれるようになる。族徽というのは氏族の職掌やトーテムなどを示す、紋章のようなものであると考えられている。図1-1に挙げるもののうち1-1-1は「析子孫《せきしそん》」あるいは「挙《きょ》」、1-1-2は「天黽《てんげん》」とそれぞれ通称されている。1-1-3は個人に対して使用されているもので、殷王武丁《ぶてい》の后妃婦好《ふこう》の族徽である。

アメリカの美術史家巫鴻は、銘文の出現により青銅器は紋様や器の形を見るものから、銘文を読む媒体として発展するようになり、特に父祖の名が記述されることで、青銅器が

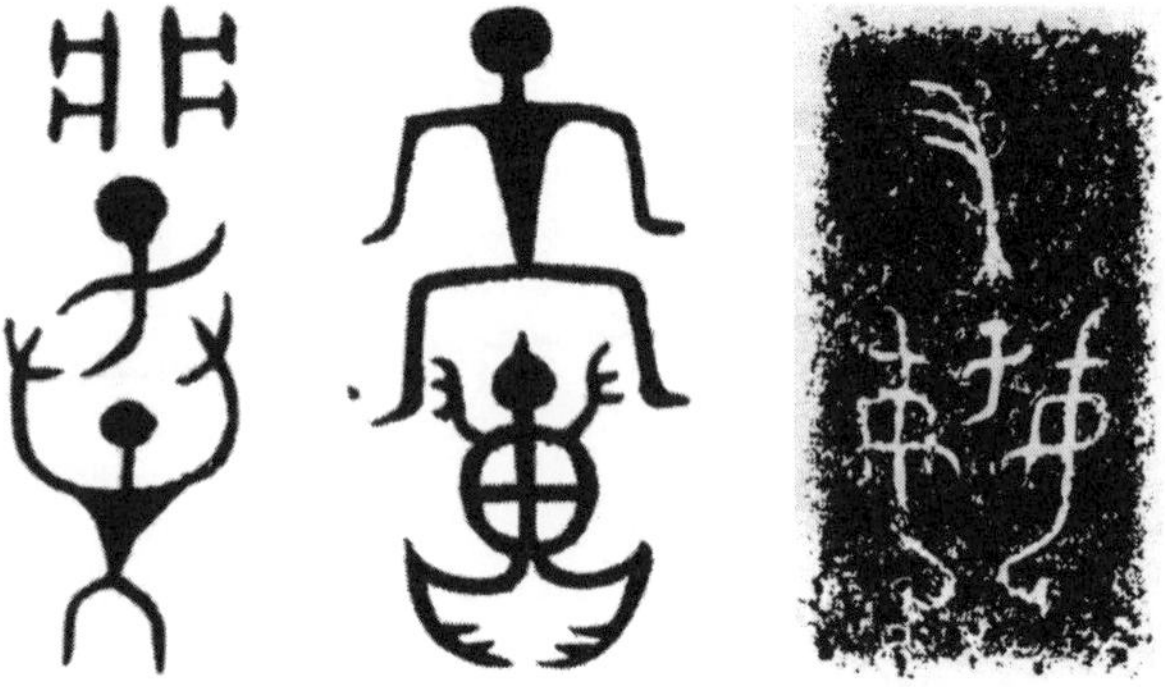

図1-1　族徽　左から析子孫（図1-1-1）、天黿（図1-1-2）、婦好（図1-1-3）

記念碑としての役割を持つようになったと指摘している。

そして殷代の末期ごろからだんだん長文の金文が作られるようになる。

小臣兪尊《しょうしんゆそん》（『集成』五九九〇）

丁巳《ていし》の日に、王は夒《どう》の地の建物へと巡察を行った。王は小臣兪に夒の地の宝貝を賜った。王が到来して夷方《いほう》を征伐した際のことである。王の十五年の、肜祭《ゆうさい》を行った日のことである。

〈丁巳、王、夒の京《けい》を省《せい》す。王、小臣兪に夒の貝を賜《たま》う。唯《こ》れ王、来《きた》りて夷方を征す。唯れ王の十祀又五、肜日《ゆうじつ》。〉

ここに挙げた金文は、殷の王が巡察を行った際に小臣兪という人物が褒美を賜ったことが、その年代とともに記述されている。内容としてはごく簡単なものであり、松井嘉徳は「鳴り響く文字」において、このような文章を青銅器の「製作縁起とでもいった性質のもの」と評価している。

そして製作縁起を記録しはじめたことで、金文が記録文書としての性格と政治性を持つようになったという。金文を記録文書として評価することについては、巫鴻は同様のことを「歴史檔案《とうあん》（公的な記録）」と表現している。政治性というのは、金文は一般に、小臣俞尊に記録されるように、王侯からの褒賞が製作のきっかけとなることが多い。そのような殷王など権力者との結びつきを指している。

†西周時代の書

金文は「記録文書」として、作器者個人やその一族が関わった戦争、祭祀儀礼、官職の任命、他の貴族との商的な取り引き、土地をめぐる紛争と裁判等々、多種多様な事柄が記載されている。以下に挙げるのはその一例である。

頌鼎《しょうてい》（『集成』二八二七〜二八二九）

三年五月既死覇《きしは》甲戌《こうじゅつ》の日、王は周の康昭宮《こうしょうきゅう》に所在した。早朝に、王は大室《たいしつ》に至り、所定の位置に即《つ》いた。宰引《さいいん》が頌を介添えし、門に入り、中廷《ちゅうてい》に立たせた。尹氏《いんし》が王に任命書を授けると、王は史《し》虢生《かくせい》に、頌に冊命《さくめい》させた。王は言った。「頌よ、汝に成周の商賈《しょうこ》二十家を管理させ、新造賈《しんぞうこ》（官名）を監督させるよう命じる。これらによって王宮に侍御《じぎょ》せよ。汝に刺繍で縁を飾った赤黒色の衣・赤色の蔽膝《へいしつ》・朱色の佩玉《はいぎょく》・鑾鈴《らんれい》付きの旗・銅飾を施した轡《くつわ》を賜《たまわ》る。これらの品によって仕えよ」。頌は拝礼して額《ぬか》ずき、任命の冊書《さくしょ》を受け、それを身に帯びて退出し、その際に（前回の任命で授けられた）玉器を返納した。

〈唯れ三年五月既死覇甲戌、王、周の康昭宮に在り。旦《たん》に、王、大室に格《いた》り、位《くらい》に即く。宰引、頌を右《たす》け、門に入《い》りて、中廷に立たしむ。尹氏、王に命書《めいしょ》を授け、王、史虢生をして頌に冊命せしむ。王曰く、「頌、汝に命じて成周の賈廿家《こにじつか》を官司《かんし》し、新造賈を監司《かんし》せしむ、用《もっ》て宮御《きゅうぎょ》せよ。汝に玄衣黹純《げんいふつじゅん》・赤市《せきふつ》・朱衡《しゅこう》・鑾旂《らんき》・攸勒《ゆうろく》を賜《たま》う、用て事《つか》えよ」と。頌拝稽首《はいけいしゅ》し、命冊《めいさく》を受け、佩《お》びて以《もっ》て出《い》で、瑾璋《きんしょう》を返納す。〉

これは官職や食事の任命の儀礼である冊命儀礼を記録したものである（図1－2）。西周後半期の金文にはこの種の形式がよく見られる。ここでは頌という人物が西周の王都のひとつ成周（洛邑《らくゆう》とも。現在の河南省洛陽《らくよう》市）の商人と、それに関係する官吏の監督管理を命じられ、職務や身分の象徴となる服飾類や車馬具（馬車の部品・装飾）を与えられたという内容である。

こうした内容を青銅器に銘文として記録し、宗廟での祖先祭祀で読み上げることで、頌の任命は一族の輝かしい歴史の一齣《ひとこま》として語り継がれることになる。

図 1-2　頌鼎銘文拓本

ところで冊命儀礼というのは、冊書と呼ばれる簡牘を介して、一定の形式で行われる任命の儀礼である。ここに挙げた銘文では、冊書は「命書」「命冊」と表記されている。これを尹氏という史官（これは内史《ないし》尹《いん》という官名の略称であるとされる）、すなわち書記官が王に手渡し、王は更に史虢生という別の史官にその内容を読み上げさせる。「王曰く」以下カギ括弧の部分が命書に書かれていた内容となる。

ただしここに引かれているのは、命書に書

かれていた文章をそのまま書き写したわけではなく、適宜省略されている可能性がある。
ともかくこれにより西周時代に簡牘に書かれた書が存在したことと、その大体の内容がわかるわけである。なお、殷代と同様に西周時代についても簡牘の実物は発見されていない。

†史官の登場

頌鼎では史官が登場した。『史記』の著述者である司馬遷《しばせん》も、その祖先は代々史官を務めていたとされる。この史官についてもう少し探ってみたい。

史官は土地をめぐる紛争の後始末について記録した散氏盤《さんしばん》（『集成』一〇一七六）でも登場する。散氏盤は台北《タイペイ》故宮博物院《こきゅうはくぶついん》所蔵の三大青銅器のひとつとして知られる（あとの二つは毛公鼎《もうこうてい》と㝬鐘《こしょう》［宗周鐘《そうしゅうしょう》とも］である）。長文にわたり内容も細々としているので、ここでは概要のみを述べる。

事の起こりは矢《そく》という国が周の貴族である散氏《さんし》の領地を侵犯したことである。詳しい経緯は触れられていないが、おそらく矢と散氏との間で話し合いが持たれて和解が成立し、矢が散氏側にその補償として土地の割譲を行うことになった。それで割譲される領地の境界を双方立ち会いの下で設定した。銘文ではその境界設定の様子が地名や川の名前も交えて詳しく記録されている。

ひと通り境界設定を終えた後に矢の宮廷で矢側が散氏側に対して、今後違約行為があれば鞭打ち刑や罰金を科され、追放されても構わないという誓約が行われた。ついで割譲された土地の地図が散氏側に交付された。

銘文の最後には「厥《そ》の要《よう》を左執《さしつ》するは、史正《しせい》の仲農《ちゅうのう》なり」とあり、双方に「要」、すなわち契約文書が渡されたことを言っている。「左執する」とあるのは、契約文書は左右の二部が作られ、散氏側が左部を受け取り、矢側が右部を受け取ったということであろう。「史正の仲農」というのはおそらく散氏側の史官である。証人として双方の誓約の場に立ち会い、矢側の史官とともに契約文書を作成して散氏の分を受け取ったと見られる。

西周時代の史官はこのように記録に関係する場に立ち会った。しかし「史」の官は当初から書記官としての役割を担っていたわけではなさそうである。

そもそも「史」という字は、清末から中華民国期にかけての大学者王国維《おうこくい》によると、簡牘を入れた器を手に持った形をかたどったものであり、この器を持つ者が「史」(史官)と呼ばれたと言う(図1-3)。

文字学者が「史」字の字源を説明する場合、王国維のように文字を書くことや記録することに関係づける場合が多い。日本の著名な文字学者である白川静もそのひとりである。

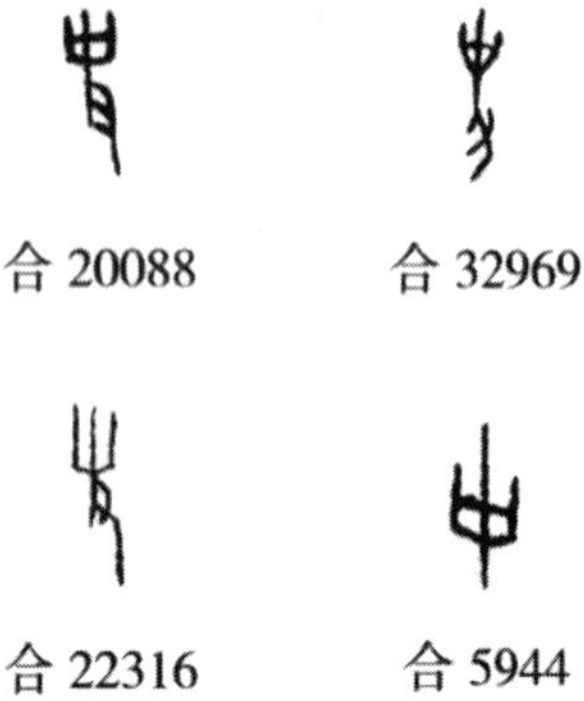

図1-3　甲骨文の「史」字

彼はこの王国維の説などを参照しつつ、祝詞《のりと》を収める器を木に付けて手に持ち、神に捧《ささ》げて祈り祭るさまをかたどったものであり、その祭祀が「史」と呼ばれたとしている。

しかし高野義弘によると、殷代の甲骨文では「史」字に書記官としての職掌を読み取ることが難しく、そのような職掌を明確に読み取れるようになるのは西周の半ば以降であると言う。本節で取り上げた頌鼎と散氏盤も西周の半ば以降のものである。「史」字は元来書かれたものや記録に関する意味、ひいては「歴史」の意味を表すものではなかったのかもしれない。「史」字の原義は再考の余地がありそうである。

2　王の歴史、臣下の歴史

†酒に滅んだ殷王朝

殷周時代には、「史」あるいは「歴史」にあたるものは何か別の呼び方がされていたのかもしれない。そもそも「歴史」を意味する言葉が存在しなかった可能性もある。しかし「歴史認識」と見なすことができるものは存在した。西周時代の歴史認識は金文から読み取ることができる。

歴史認識と言われると何だか難しそうだと思われるかもしれないが、「まえがき」で説明した通り、歴史認識とは個別の歴史的事件、人物、事項などに対する評価や見方を指す。ここで扱うのも、そうした類のものである。

西周前半期の大盂鼎《だいうてい》（『集成』二八三七）には、西周の王が、自分たちの祖先が倒した殷をどう見ていたのかを示す言葉がある。

私（王）が聞いたところによると、殷が天命を失ったのは、殷の諸侯と殷の百官がみな酒に耽《ふけ》ったことにより、軍隊を失ったからである。

〈我聞くならく、殷の命を墜《お》とせるは、唯れ殷の辺侯甸《へんこうでん》と殷の正百辟《せいひやくへき》、率《ことごと》く酒を肆《ほしいまま》にするの故に師を喪《うしな》うなり。〉

この銘文は周の王が盂という人物に対する命令と戒めの言葉を記録したものである。ここに引いた言葉を述べているのは、西周の第三代康王《こうおう》であるとされている。彼は伝聞として、殷が自分たち周に敗北して滅亡したのは、国家を担う諸侯や官吏たちが酒に溺《おぼ》れたからであると言っている。

殷の滅亡の原因を酒と結びつける言説は『尚書《しょうしょ》』(『書経』)の酒誥《しゅこう》篇にも見える。酒誥は康王の父である成王の時代の記録ということになっており、設定上は大盂鼎と時期が近い。

この篇では、飲酒は祭祀を行う時のみにして普段は慎むべしという、酒に対する戒めの言葉が並んでいる。そして殷王と臣下がともに酒に耽《ふけ》ったことによって民の怨みを買い、天が災いを下して滅ぶことになったのだと言う。これは現在でもしばしば見られるような、歴史から教訓を読み取るといういとなみにつながるものである。

酒誥篇を収録する『尚書』は、三皇五帝のうちの五帝に数えられる堯《ぎょう》・舜《しゅん》から春秋時代(前七七〇年〜前五世紀半ば)の諸侯まで、帝王・諸侯の布告や戒めなどを収めた言行録である。そのうち酒誥などの篇は一般的に西周時代の同時代史料と見なされているが、筆者はそれに疑問を持っており、西周の末から春秋・戦国時代(前七七〇年〜前二二一年)にかけて成立したものではないかと考えている。筆者の見立てが正しいとすれば、大盂鼎に見られるような歴史認識が西周前半期から数百年にわたって伝承されてきたことになる。

殷の滅亡については、伝世文献《でんせいぶんけん》では周の武王《ぶおう》が牧野《ぼくや》の戦いで暴虐な殷の紂王《ちゅうおう》を打ち破って滅ぼしたのであると説明されている。「伝世文献」というのは、甲骨・金文のように発掘などによって地下から獲得された「出土文献《しゅつどぶんけん》」に対して、『尚書』や『史記』など伝統的に受け継がれてきた文献を指す。

牧野の戦いが起こったのは二月の甲子の日の早朝のことであるとされる（起こった月については、殷と周の暦の違いにより、一月とするものもある）。西周王朝創建から間もない時期に作られた金文の利簋《りき》（『集成』四一三一）では、この殷と周の戦いについて「武王が殷を征した。甲子の日の朝に会戦し、大いに（敵軍を）破り、すみやかに殷を占領した」〈珷《ぶ》、商《しょう》を征す。唯れ甲子の朝《あした》に歳《さい》し、貞《おお》いに克《か》ちて泯《ほろぼ》し、夙《つと》に商を有《ゆう》す〉と記しており、確かに戦いが甲子の日の朝のことであったことがわかる。なお、この銘文の原文に言う「商」とは殷のことである。

大盂鼎や酒誥では、この戦いによる殷軍の敗北の要因を殷人《いんひと》の飲酒の習慣に求めていたわけである。殷の紂王は酒を注いで池を造り、肉を懸けて林のようにし、その間を裸の男女に駆け巡らせて、日夜酒や肉を浪費する酒宴を行ったという「酒池肉林《しゅちにくりん》」の故事で知られる。この話も大盂鼎や酒誥で語られているような歴史認識と関係するものであろう。

†天命を膺受し、四方を敷有す

西周王朝の成立は、伝統的には周の文王《ぶんおう》の受命《じゅめい》とその子武王の克殷《こくいん》の二段階を経たと説明されてきた（西周の王の系譜については図1-4の系図を参照）。「受命」というのは、殷を滅ぼし新たな王朝を建てるという天命を受けたことを指す。「克殷」は牧野の戦いで殷を打ち破り滅ぼしたことを言う。それでは文王・武王二代にわたる王朝創建の功業は、同時代である西周の時代にはどのように語られていたのだろうか？

前項で引用した大盂鼎に、文王・武王の功業について言及がある。

偉大にして明らかなる文王は、天の持つ大いなる命を受けた。武王にあっては、文王を嗣いで国を興し、未開の地を開き、四方を遍《あまね》く領有し、長く民を治めた。

〈丕顯《ひけん》なる玟王《ぶんおう》、天の有せる大命を受く。珷王《ぶおう》に在りては、玟を嗣《つ》ぎて邦を作《お》こし、厥《そ》の匿《とく》を闢《ひら》き、四方を敷有《ふゆう》し、厥の民を畯正《しゅんせい》す。〉

銘文中の「天の有せる大命」というのは要するに天命のことである。文王の受命は西周の前半期には既に語られていたということになる。武王はといえば、こちらは文王を嗣いで周の国を興し、「四方を敷有し」たと言う。東西南北の四方に広く領土を有したということである。大盂鼎は王の言葉を記述したものであるので、これが周の王、ひいては西周王朝の歴史認識だったということになる。

ちなみに大盂鼎では文王・武王の号にそれぞれ王偏が付いて「玟王」「珷王」と表記されている。西周金文ではこの銘文や前項で取り上げた利簋のように、周の王、特に文王・武王についてはこのような表記をしているものがある。

文王は天命を受け、武王は四方を領有したという歴史認識はほかの金文にも見え、当時

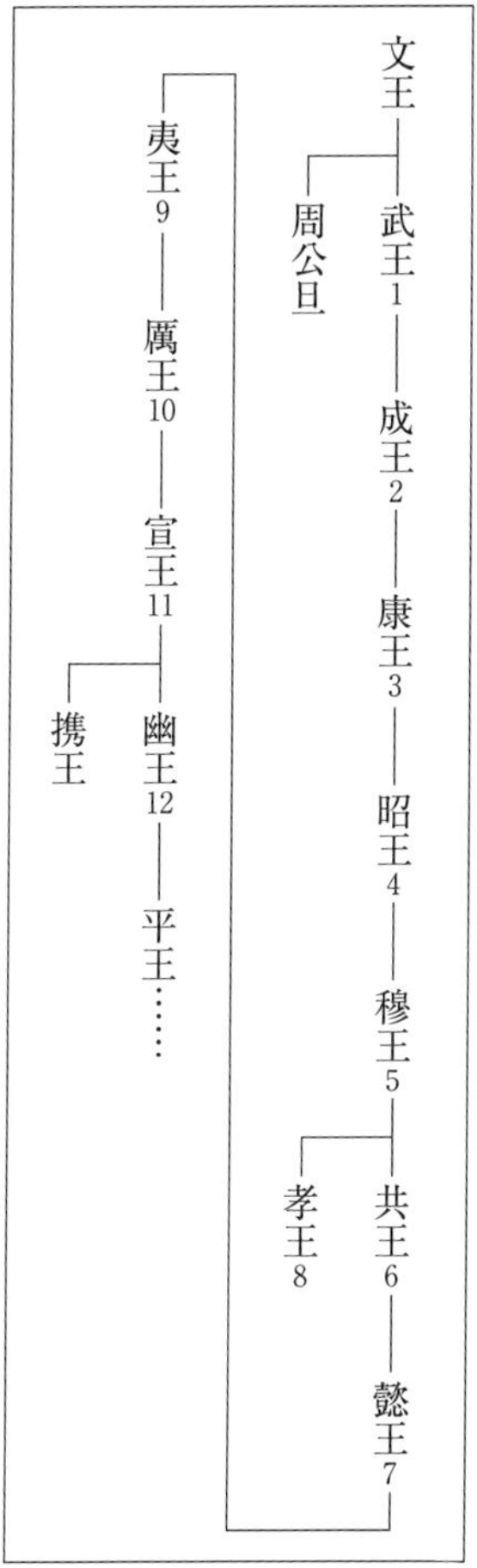

図1-4　西周時代の王室系図
（数字は王位継承の順序）

こういった歴史認識が広まり、受け入れられていたことがわかる。しかし時期が下るにつれてその認識が少し変化することになる。

西周後半期の師克盨《しこくしゅ》（『集成』四四六七〜四四六八）では、やはり王の言葉として「偉大にして明らかなる文王と武王は天命を受け、四方を遍く領有した」〈丕顕なる文武、大命を膺受《ようじゅ》し、四方を敷有す〉とある。ここでは天命を受けたことと四方を領有したことが、どちらが文王の事跡でどちらが武王の事跡かはっきり区別されていない。

同時期の金文には、天命を受けたことが文王・武王二人の功業であるかのように記述されているものもある。二人の事跡がまとめて語られるようになったのである。これは松井嘉徳が「記憶される西周史」で指摘しているように、文王と武王の事跡を厳密に区別しようとする意識が薄れてきつつあったことを示すものであろう。歴史認識は大なり小なり変化するものなのである。

†臣下の家の歴史

それでは王に仕える臣下の家の歴史は金文でどのように語られたのだろうか？　前項で引用した師克盨には、王の言葉として「丕顕なる文武、大命を膺受し、四方を敷有す」に続けて、「そなたの父祖は古くから周の国に対して功績があり、王の身を守ってその護衛となってきた」〈則ち旧《もと》より唯れ乃《なんじ》の先祖考《せんそこう》、周邦《しゅうほう》に功有りて、王の身を捍禦《かんぎょ》し、爪牙《そうが》と作《な》る〉という文言が見える。

やはり王の言葉ではあるが、ここでは臣下の師克が先祖代々周の国に対して功績を重ね、王の護衛となってその身を守ってきたと、師克の一族についての言及が見える。原文で王の臣下や祖先の功績が「爪牙と作る」と表現されているのは、金文でこの銘文のみであり、そこに何となく個性が感じられる。別の銘文では、同じようなシチュエーションでその祖先が王の「股肱《ここう》」(王の手足となって輔佐する者)であったと表現するものもある。

もう一件、乖伯簋《かいはくき》(『集成』四三三一)の事例を取り上げてみたい。やはり臣下にかける王の言葉として、以下のような文言が見える。

乖伯よ、我が偉大にして明らかなる祖先の文王・武王は天命を受けた。そなたの祖先は、他の邦国から謹《つつし》んで(代々)先王を輔佐し、天命(を保持するの)に対して功労があった。

〈乖伯よ、朕が丕顕なる祖玟珷、大命を膺受す。乃の祖、克《よ》く先王を弼《たす》け、翼《つつし》んで它邦《たほうよ》自りし、功、大命に有り。〉

やはり文王・武王が天命を受けたことを述べている。銘文中に乖伯の祖先の事跡に言及するのに、原文で「它邦自りし」とあるところを見ると、乖伯の一族は周の王朝創建以前からの譜代の臣下ではなく、日本で言う外様大名のような立場であったようである。

周はもともと殷に服属する諸侯であったのが、文王と武王の父子が下剋上のような形で殷を倒し、取って代わった。おそらく乖伯の祖先も、もともとは殷に服属し、周と同等の立場の諸侯であり、殷を倒す際に周と同盟を結んだのではないかと、台湾の歴史人類学者の王明珂は「華夏対西周的記憶与失憶」で指摘している。

乖伯簋はこの後更に文章が続き、最後に乖伯の亡父の称号として「武《ぶ》なる乖《かい》の幾《き》王《おう》」という呼称が見える。乖国の君主は、周王に対しては「乖伯」と「伯」の号を称するが、死後には周と同様に王号を名乗ることを許されていたようである。ここで引用した王の言葉は、そうした乖伯の立場や歴史を踏まえたものなのである。

師克盨と乖伯簋は、王の祖先である文王、武王の事跡については定型化された表現を用いつつも、臣下の家の歴史についてはそれぞれの事情を踏まえた表現となっている。

王明珂が指摘するように、臣下はこのように自分の一族の事跡が王に言及されることで、一族の歴史が王朝に公認されることになった。そしてその王の言葉を金文という形で記録し、それが鋳込まれた青銅器を宗廟での祭祀に用い、銘文が読み上げられることで、その栄誉を末代まで語り継ぐことになるのである。

†定型表現で語る

王の言葉としてではなく、臣下自らの言葉として祖先の事跡や王との関わりについて述べた金文も存在する。ここでは二〇〇三年に発見された西周後半期の逨盤《らいばん》（『銘図』一四五四三、図1-5）を取り上げてみたい。

この銘文は前半と後半に分かれる。前半では逨の父祖が文王・武王以来歴代の王に仕えたことを述べ、後半では逨の任命について述べられている。特に前半で文王から第十代の厲王《れいおう》まで西周の諸王の号が列挙されているのが注目される。西周の王の中で第八代の孝王《こうおう》については、従来の金文ではその号が見られず、西周の同時代史料であるこの金文によってようやく実在が確認された。

この銘文は臣下である逨自身の言葉として、その一族の始祖単《ぜん》公《こう》の事跡を以下のように述べる。

偉大にして明らかなる我が皇高祖《こうこうそ》単公は武威猛々しく、そ

図1-5　逨盤器影

の徳をよく明察して慎み、文王・武王を輔弼《ほひつ》して殷を征伐し、天のよき命を受け、四方を遍く有し、かつ（両王が）勤《つと》めて得た領土に身を置くようにさせ、そうして上帝《じょうてい》の意にかなうようにさせた。

〈丕顕なる朕が皇高祖単公、桓桓《かんかん》として克く厥の徳を明慎《めいしん》し、文王・武王を夾詔《きょうしょう》して、殷を撻《たつ》し、天の魯命《ろめい》を膺受し、四方を敷有し、並《なら》びに厥の勤めし疆土《きょうど》に宅《たく》し、用《もっ》て上帝に配せしむ。〉

単公が重臣として文王・武王が殷を討伐するのを助けたと言うのであるが、「天の魯命を膺受し、四方を敷有」すというのは、前項から見てきているように、西周前半期以来金文でしばしば使用されてきた言い回しである。

松井嘉徳が「記憶される西周史」で指摘しているように、この文章は西周の当時一般的に使用されていた定型表現に単公の名前を挿入しただけである。その祖先が「殷を撻《たつ》」した、すなわち殷を征伐したというのも、同様の表現が春秋時代の金文に見える。これについては後文で触れよう。

王と臣下、立場は違っても同じような表現による同じような歴史認識を共有していたのである。そのことは、逨盤の後半の王の言葉からも見て取れる。

逨よ、偉大にして明らかなる文王・武王が天命を受け、四方を遍く領有してから、汝の賢明なる父祖は古くから先王を輔弼し、天命にかなうよう勤め励んできた。

〈逨よ、丕顕なる文武、大命を膺受し、四方を敷有するに、則ち旧とより唯れ乃の先《せん》聖祖考《せいそこう》、先王を夾詔し、大命を功勤《こうきん》す。〉

やはり「大命を膺受し、四方を敷有す」とおなじみの表現を使って、文王・武王以来、逨の一族が歴代の王を輔佐してきたと述べている。これは先に挙げた逨の言葉の内容を縮めたように見える。いずれにせよ逨の祖先の事跡は、逨自身の言葉としても王の言葉としても、前項で取り上げた師克盨、乖伯簋と比べて個性や内容が薄いように感じられる。

†創られた系譜

その個性や内容の薄さは何に由来するものなのだろうか。もう少し探ってみよう。逨盤では皇高祖の単公以下、皇高祖の公叔《こうしゅく》、皇高祖の新室仲《しんしつちゅう》、皇高祖の恵仲盠父《けいちゅうれいほ》、皇高祖の零《れい》伯《はく》、皇亜祖の懿仲《いちゅう》、皇考の共叔《きょうしゅく》と計七名の父祖の号を挙げている。このうち「祖」と付いているのは祖父より以前の祖先を指し、「考」とは亡父を指す。

しかし松井氏はこの系譜に疑問を抱く。金文で自家の系譜について記述されているものはいくつかあるが、一族の始祖や遠祖を示す「皇高祖」が単公、公叔をはじめとして五人も存在するのは例を見ないと指摘する。また文王・武王を輔佐したという単公以下、銘文では七人中四人が二人の王を輔佐したと記述している。松井氏はこれらの点から逨の系譜は作為性を感じさせると言う。

　そして逨盤やほかの金文の内容から単氏の一族が頭角を現し、その動向がはっきりしてくるのは西周の中ごろからであると言う。そのころの金文に西周王朝の執政のひとりとして「単伯《ぜんはく》」が見える。逨の直接の祖先ではないかもしれないが、彼の祖先の同族である。そしてそれ以後、単氏は勢力を保ち続けることになる。逨盤後半部の任命の辞を見ると、逨自身も王朝の重臣であったようである。

　逆に言うと、文王・武王の時代など西周の中ごろより以前の時期には、単氏の動向がはっきりしないわけである。銘文に言うように、単公が本当に文王・武王を輔弼した重臣であれば、武王の弟で摂政としてその子の成王《せいおう》を輔佐したとされる周公旦《しゅうこうたん》や、同様に重臣であった召公奭《しょうこうせき》のように、西周の初めの段階から一族の動向がわかっていてもおかしくない。

　しかし西周の半ば以降とは異なり、西周前半期、特に西周の初めのころの金文で単氏について触れたものは現在のところ皆無である。どうも西周王朝創建のころから重臣の座にあったようには思われないのである。つまり単公が文王・武王を輔弼したというのはおそらく歴史的事実ではなく、逨盤に見える系譜は逨の代になってから作られたものではないかと、松井氏は言うのである。

系譜を作成する側の都合で架空の祖先を追加するというようなことは、日本の古代の豪族や中世の武家などでもよく見られる。このような架空の系譜については次章でも触れる。

金文は確かに西周の同時代史料ではあるが、逨盤のような場合は、歴史的な事実に対して二次的な編集を経ているという意味で一次史料ではないということになる。

ここで補足説明をしておくと、歴史学の研究に用いられる文字記録などの素材を「史料」と呼ぶが、その史料について一次史料、二次史料といった区分がなされることがある。一次史料とは、ある事件が起こった際に、その直後に事件の当事者が残した史料を指す。二次史料は、その事件に直接の関わりがない第三者によって書かれたり、事件の発生からかなり後になって書かれ、一定の編集を経ているなど、それらの条件を満たさないものを指す。

金文では逨盤のような事例は意外に多く、金文は歴史的事実を確認するための史料というよりは、当時の歴史認識、あるいは歴史的事実に対する評価を知るための史料と考えた方がよさそうである。

古代中国の歴史叙述は歴史認識を示すものである。こうした発想が以後の中国の歴史書、ひいてはその影響を受けた日本の史書にも受け継がれることになる。

3　回顧される西周王朝

†周の東遷

紀元前七七一年、西周王朝は滅亡した。滅亡の原因は、第十二代幽王《ゆうおう》が正室の申后《しんこう》を母とする宜臼《ぎきゅう》から太子の地位を取り上げ、寵姫の褒姒《ほうじ》の生んだ伯盤《はくばん》（伯服《はくふく》）を後継者に据えようとしたことにある。

『史記』周本紀によると、その措置に不満を持った申后の父の申侯《しんこう》が繒《そう》国や犬戎《けんじゅう》と結んで幽王を敗死させた。これに先立って幽王が寵愛する褒姒を笑わせようと、何度も有事を知らせるための烽火《のろし》を揚げて諸侯を招集して笑い物にし、いざ本当に敵が攻めてきて烽火を揚げても誰ひとり救援に駆けつける者がなかったという話はよく知られている。

そして申侯は、諸侯たちとともに宜臼を王として立てた。これが平王《へいおう》である。平王は犬戎から逃れるために都を宗周《そうしゅう》（鎬京《こうけい》とも。現在の陝西省西安市長安区）から、現在の河南省洛陽市にあたる洛邑《らくゆう》へと遷した。これ以後の周を西周と区別して東周《とうしゅう》王朝と呼ぶ。

以上が旧説に基づく、西周の滅亡と周の東遷《とうせん》についての一般的な理解である。しかし近年、特に戦国時代の竹簡に書かれた史書である清華簡《せいかかん》（中国の清華大学所蔵戦国竹簡）『繫年《けいねん》』が二〇一一年に公表されてからは状況が一変した。

西周の滅亡についてはアメリカの先秦史研究者の李峰が多方面から検討し、複数の要因が絡み合った結果起こったものであると主張している。すなわち西周第四代の昭王《しょうおう》による南征の挫折後の長期間にわたる周王朝の緩やかな衰退と、第十代厲王《れいおう》のころからのおおよそ百年に及ぶ玁狁《けんいん》（犬戎）の侵攻という二つの背景の中、宜臼派と伯盤派による幽王の後継者をめぐる政争が、西周の滅亡の引き金となったとしている。

このうち昭王の南征の挫折というのは、昭王が南方の楚《そ》の地域に親征し、その途上で死亡し、それにより南征自体も失敗に終わったことを指す。周本紀では、昭王の次の穆王の時代以後に周の王道が衰えたとしている。この南征については後文でも触れる。

東遷についても、従来はその年代は西周の滅亡の翌年、西暦紀元前七七〇年とされてきたが、『繫年』の記述に依拠として、前七三八年説や前七六〇年説など新説が提起されている。東遷の過程や事情についても再検討がなされている。

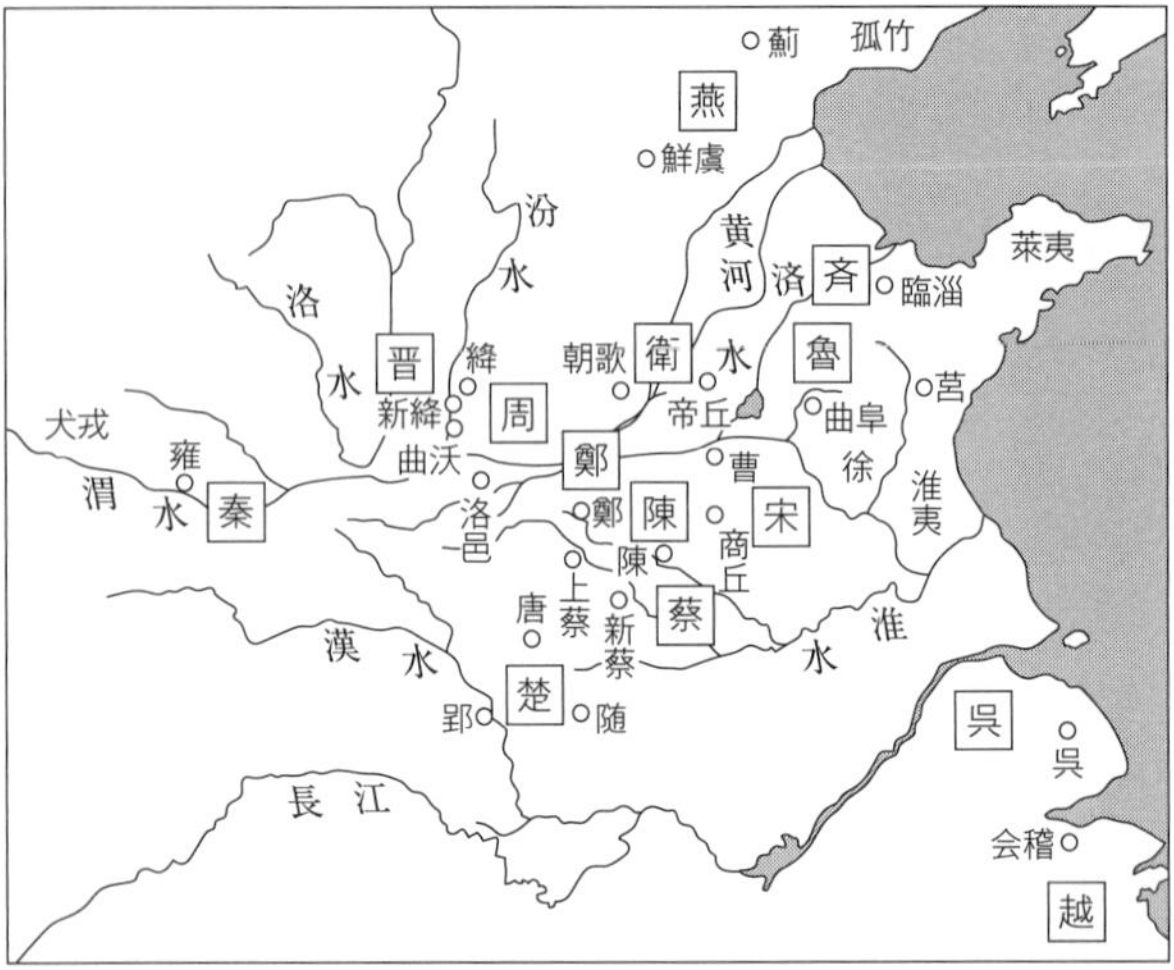

図 1-6　春秋時代勢力図

しかし西周の滅亡と東遷の再検討については本書での議論に関係しないので、ここでは詳しく触れないことにする。興味がおありの読者は、拙著『周――理想化された古代王朝』や『中国古代史研究の最前線』、またそれらの前著で引用している諸文献にあたって頂きたい。なお『繫年』については第三章で詳しく紹介する。

東遷の後、周王朝は次第に力を失い、それにともなって歴史認識の担い手も王朝から地方を治める個々の諸侯に移っていった。そのことがうかがわれる史料は、やはり金文ということになる。

本節ではまず東周時代の前半、すなわち春秋時代の諸侯の金文から、東遷以前の時期、つまりは西周時代に関する記述を見ていくことで諸侯たちの歴史認識を探っていくことにしよう。

†西周王朝の正規軍

まずは西周王朝の制度面に関する歴史的な記憶から探っていくことにしたい。西周王朝には、一般に六師《りくし》と八師《はっし》の二つの正規軍が存在したとされる。六師は西の六師とも呼ばれ、宗周（鎬京）に置かれたとされる。もう一方の八師は殷八師《いんはっし》、成周八師《せいしゅうはっし》、東八師《ひがしのはっし》などと呼ばれ、こちらは「成周八師」の異称の通り、成周すなわち洛邑に置かれたとされている。

この六師と八師の性質について、自給自足の屯田兵であるという説や『周礼《しゅらい》』（伝統的に西周の官制を記述した書とされてきた）に見える郷遂《きょうすい》制度という土地制度に関係する兵制であるという説など、諸説が存在する。これについてもやはり本書での議論と直接関係するものではないので、詳しくは触れないことにする。拙著『戦争の中国古代史』に詳しく説明してあるので、興味がおありの読者はそちらをご参照頂きたい。

西周金文には、六師・八師に関する任命が見えるものがある。たとえば呂服余盤《りょふくよばん》（『集成』一〇一六九）では、王が呂服余という人物に上官を輔佐して六師の職務を担うよう命じている。六師と八師の軍政は周王の直臣《じきしん》によって担われたのである。

そしてこの両軍の動員についても同様であった。

王はそこで西の六師・殷八師に命じて言うには、「鄂侯馭方《がくこうぎょほう》を討伐し、老人も子どももひとりも残してはならない。」

〈王、廼《すなわ》ち西の六師・殷八師に命じて曰く、「鄂侯馭方を撲伐《ぼくばつ》し、寿幼《じゅよう》を遺《のこ》す勿《な》かれ」と。〉

ここに引いた禹鼎《うてい》（『集成』二八三三〜二八三四）では、鄂侯馭方という諸侯による反乱を鎮圧するために、周王が六師と八師を出動させている。実際にこれらの軍隊を率いていたのは、軍政の場合と同様に王の直臣であろう。

†正統性を示す六師

以上が西周王朝の正規軍の概略である。ついでこの西周の軍隊のうち西の六師が春秋諸侯にどのように記憶されていたか見てみよう。

春秋金文で「西の六師」について触れているものは、前六三二年の城濮《じょうぼく》の戦いの直後に作られたとされる子犯鐘《しはんしょう》（『銘図』一五二〇〇〜一五二一五）のみである。城濮の戦いは東周王朝を奉じる晋《しん》と南方の雄である楚《そ》との戦いである。この戦いで晋が楚を破り、この勝利によって晋の君主の文公《ぶんこう》（重耳《ちょうじ》）が周王より侯伯《こうはく》、すなわち覇者に任じられた。晋の文公は斉《せい》の桓公《かんこう》らとともに春秋の五覇のひとりに数えられている。子犯鐘はこの文公を支えた狐偃《こえん》（子犯、あるいは舅犯《きゅうはん》とも）のものである。以下にその銘文を引く。

王の五月初吉丁未《ていび》の日、子犯は晋公を側近として輔佐し、晋に帰国した。楚と同盟諸国は周王に服属しなかった。子犯と晋公は西の六師を率いて、楚を討伐し、大きな軍功があったことを喜んだ。楚はその正規軍を喪失し、その貴族の軍も滅びた。子犯は晋公を側近として輔佐し、諸侯をまとめて王に朝見させ、王位を安定させた。

〈唯れ王の五月初吉丁未、子犯、晋公の左右を佑《たす》け、其の邦に来復す。諸楚荊《しょそけい》、命を王所に聴かず。子犯及び晋公、西の六師を率いて、楚荊を搏伐《はくばつ》し、孔《はなは》だ大功を休《きゅう》す。楚荊、厥《そ》の師を喪《うしな》い、厥の御を滅ぼす。子犯、晋公の左右を佑け、諸侯を燮《しょう》して王に朝《ちょう》せしめ、克《よ》く王位を奠《さだ》む。〉

この銘文では、子犯が晋公すなわち文公を輔佐し、「西の六師」を率いて周王に従わない楚を討伐したこと、そして戦後に諸侯を周王に朝見させたことを記述している。

原文で「諸楚荊」というのは、後代の文献によると小国の陳《ちん》や蔡《さい》などが楚に味方したとされているので、楚とそれらの諸国を指すのであろう。「楚荊」は楚のことである。また、晋側には斉・秦《しん》・宋《そう》が味方した。

問題となるのは、子犯と文公が率いたとされる「西の六師」である。この銘文の西の六師が具体的に何を指しているかについては諸説存在する。中国と台湾の研究者は主に以下のような説を提示している。

①西周時代と同様に周王朝の正規軍を指すという説。②晋の軍隊を指すという説。当時の晋国には戦車を中心とする三軍と、歩兵部隊にあたる三行《さんこう》の計六つの軍隊が存在した。もしくは、晋の三軍はそれぞれ正将の「将《しょう》」と副将の「佐《さ》」が率いたとされているので、将と佐が率いることで「六師」と計算したという見解もある。③この晋の三軍と宋・斉・秦三国の軍による同盟軍を指すとする説。

このほかに、日本の谷秀樹が西の六師は西周の半ば以来成周の付近の澗水《かんすい》という川の両岸に所在し、春秋時代には成周に所在していたと主張する。これは①のバリエーションと見なせよう。しかし①の説にせよ谷説にせよ、東周王朝が西周時代と同様に六師を擁していたなら、春秋時代の歴史を詳しく記述した『左伝《さでん》』や『国語《こくご》』といった文献に六師のことが全く出てこないのは不審である。

②説と③説については、晋軍あるいは晋を含めた諸侯の軍を西の六師に見立てたということになる。筆者としては、この銘文に言う西の六師が何を指すのかを詮索するのはさして意味がないと考えている。これは晋およびその同盟軍が周王朝を奉じて楚と戦ったという、一種の正統性を示すレトリックと見た方がよいだろう。

春秋時代には、諸侯国に「西の六師」の呼称は歴史的な記憶として伝わっていたが、その実像は既にぼやけ、周王朝を奉じて戦う諸侯の正統性を金文上で示すレトリックと化していた。

その傾向は次の戦国時代にも引き継がれる。六師は『尚書』や『詩経』の諸篇に西周王朝の軍隊として言及されるほか、『周礼』や『孟子』などに、儒学の文脈の中で天子の軍隊として理念化して語られることになる。

その一方で、八師の存在は忘れられていくことになった。八師のことは伝世文献では全く記述されていない。現在八師の存在が知られているのは、西周の同時代史料である西周金文に記述されているからである。そこには歴史的な記憶の明らかな偏りがある。

†康宮と「康王独尊」

周王は歴代の王を祀る廟を複数擁していた。その中で西周金文にしばしば登場するのが、第三代の康王《こうおう》の廟とされる「康宮《こうきゅう》」である。

康宮は西周前半期の令方尊《れいほうそん》（『集成』六〇一六）によると、成周に存在していたことがわかる。ただ、これとは別に周にも存在していた。金文中の「周」とは一般的に周原《しゅうげん》、すなわち現在の陝西省岐山《きざん》県・扶風《ふふう》県の間の周原遺跡を指すとされるが、宗周を指すとする説もある。金文に多く見えるのはこの周に存在した方の康宮である。

周の康宮は西周後半期に入ってから金文に見えるようになり、主に官職・職事を一定の形式で任命する冊命儀礼《さくめいぎれい》の場として使用された。

> 王の二十七年正月既望丁亥《きぼうていがい》の日に、王は康宮に所在した。早朝に、王は穆王《ぼくおう》の大室《たいしつ》に至り、所定の位置に即いた。中季《しんき》が入場して伊を介添えし、中廷に立たせて北を向かせた。王は尹封《いんほう》に伊《い》を冊命させた。「康宮の王の奴隷と工匠を総管せよ。……」
>
> 〈唯れ王の二十七年正月既望丁亥、王、周の康宮に在り。旦に、王、穆大室に格り、位に即く。中季入りて伊を右けて、中廷に立ち、北嚮《ほっきょう》せしむ。王、尹封をして伊に冊命せしむ、「康宮の王の臣妾《しんしょう》・百工《ひゃくこう》を総官司《そうかんし》せよ。……」〉

たとえばここに引いた伊簋《いき》（『集成』四二八七）では、周の康宮で王が伊という人物に対

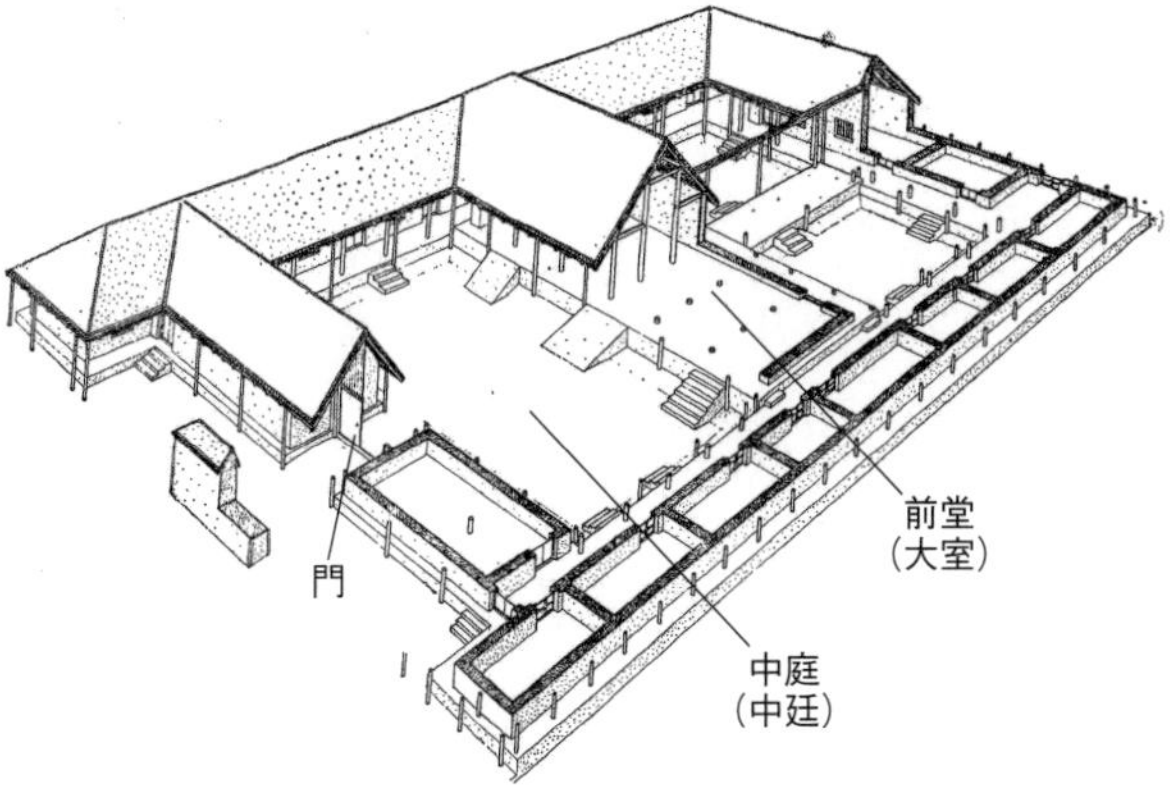

図 1-7　西周時代の宗廟の復原図

して康宮で働く男女の奴隷と工匠を総管するよう命じている。ここでは康宮内の穆王の大室で儀礼が行われている。周の康宮には、康王以後の第四代昭王や第五代穆王の廟も付設されていたようである。前文で引用した頌鼎には、やはり冊命儀礼の場として「康昭宮」が出てきた。これが康宮に付設された昭王の廟である。伊簋の穆王の大室とは、康宮に付設されていた穆王の廟、すなわち穆宮の一室を指している。

　これらの銘文に出てくる「大室」とは宮殿内の前堂《ぜんどう》を指し、「中廷」は中庭のことである。西周時代の廟の構造については図1－7の陝西省岐山県鳳雛村《ほうすうそん》甲組建築遺構の復原図を参照してほしい。これは周原遺跡で発掘された当時の建築遺構をもとに考証を行ったものである。西周王朝の宗廟に関しては、このように周原で発見された建築遺構をもとに研究が重ねられている。

複数存在する周王の廟の中で、西周後半期になぜ康宮が多く儀礼の場として選択されたのだろうか。松井嘉徳は「記憶される西周史」で、このことが歴代の王のうち康王を特別視する「康王独尊」の歴史認識と関係するのではないかと指摘している。

歴史認識の中の康宮

康宮の記憶は春秋時代の諸侯にどのように受け継がれたのだろうか。春秋金文で康宮が登場するのは、二〇一九年に湖北省《こほく》随州《ずいしゅう》市の棗樹林《そうじゅりん》春秋曾《そう》国貴族墓地より出土した曾公《そうこう》［田＋求］鐘《きゅうしょう》（『考古』二〇二〇―七）である（図1―8）。

王の五月吉日《きちじつ》丁亥の日に、曾公［田＋求］が言うには、「昔我が大いにして明らかなる高祖にあっては、よく周の文王・武王を輔弼した。麗《うるわ》しき伯括《はくかつ》は慎み深く徳があった。……王は我（が祖先の皇祖《こうそ》）を康宮に到来させ、尹氏に皇祖に対して命令を伝えさせて、南方の地に封建した。……」

〈唯れ王の五月吉日丁亥、曾公［田＋求］曰く、「昔辝《わ》が丕顕なる高祖に在りては、克《よ》く周の文武を逑匹《らいひつ》せり。淑淑《しゅくしゅく》たる伯括、小心にして有徳なり。……王、我を康宮に格らしめ、

尹氏をして皇祖に命じ、南土《なんど》に建たしむ。……」〉

曾国は南方の大国である楚の附庸《ふよう》（属国）であったとされる。『左伝』には「随《ずい》」という異称で曾国のことが見える。

銘文のここで引いた部分には、曾公室の祖先に関する伝承が見える。すなわち高祖伯括が文王・武王を輔佐したことと、皇祖南公《なんこう》の封建について述べられている。「伯括」は一般的に伝世文献に見える、文王・武王を支えた臣下の南宮括《なんきゅうかつ》を指すとされる。「皇祖」は、銘文の末尾に「皇祖南公」とあることから、南公という人物を指すことがわかる（ここではその部分の引用を省略した）。この皇祖南公と高祖伯括とが同一人物を指し

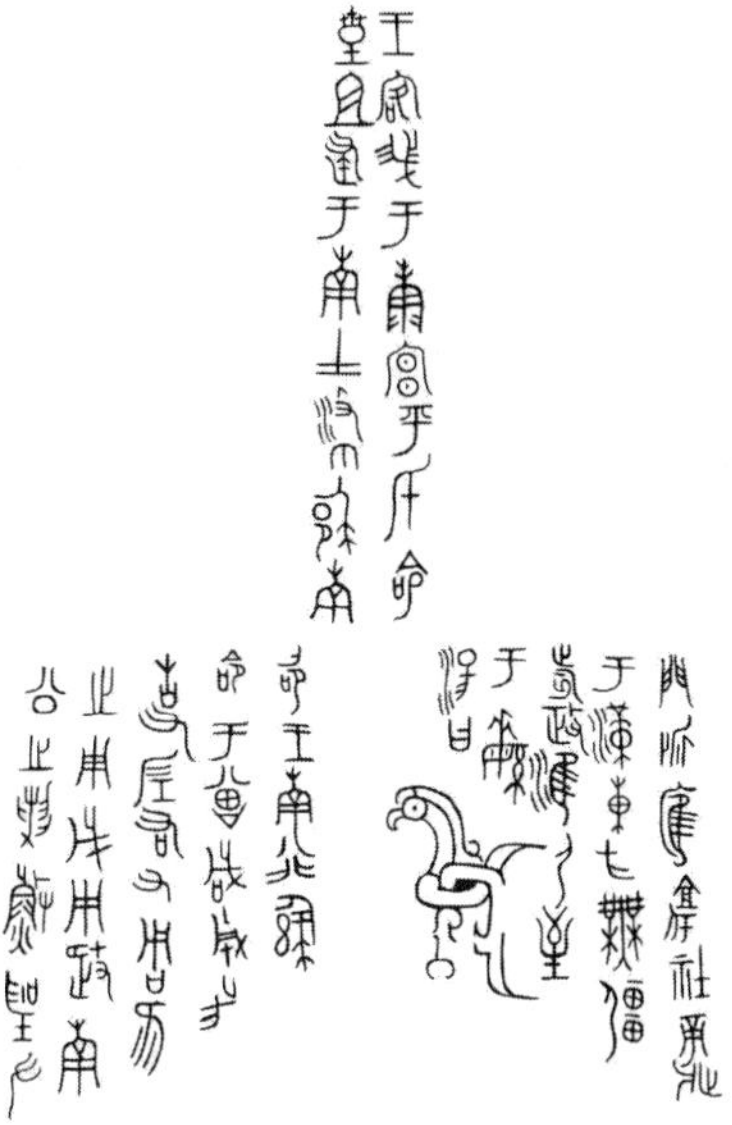

図 1-8　曾公畎鐘銘文模本

ているのかどうかはよくわからない。

この銘文は時系列がはっきりしない部分が多々見られ、曾の封建の時期についても明確には記述されていない。ただ、銘文の後文に「昭王南行するに」とあるところを見ると(この部分については後ほど引用する)、西周の昭王の時代、あるいはそれ以前であると思われる。

そして銘文中の「康宮」である。「王、我を康宮に格らしめ」という句の「我」が指しているのは、銘文を作成させた曾公畩である可能性と、西周時代の曾の祖先である可能性の二通りが指摘されている。先に述べたように康宮自体は東周の都にあたる成周、すなわち洛邑にも存在した。しかし東周時代の周王が康宮を有していたことは同時代の金文にも、後代に作られた『左伝』などの文献にも見えない。おそらくは後者の西周時代の曾君を指しているのであろう。

この句を含めた文の全体、「王、我を康宮に格らしめ、尹氏をして皇祖に命じ、南土に建たしむ」は、任命に史官の尹氏が介在している点など、頌鼎や伊簋のような西周時代の冊命金文の文句と類似している。ただ、仔細に比較してみるとおかしな所が目に付く。たとえば「王、我を康宮に格らしめ」の句は、冊命金文では「王、康宮に格る」であるとか「王、康宮に在り。旦に大室に格る」という風になっているものが多い。陳民鎮が指摘するように、曾公䀠鐘では文章の形式が崩れているわけである。

となると、西周時代のことであるにせよ春秋時代のことであるにせよ、周王は本当に曾国の君主を康宮に招いて封建したのかということ自体に疑問が生じる。陳民鎮は更に、これは実際の儀礼の記録ではなく、春秋時代に模作したものであると主張している。筆者もその見解に賛成である。

一点補足しておくと、やはり先に述べたように、周の康宮が儀礼の場として使用されたのは西周後半期であるということであった。銘文に記載されている儀礼が西周前半期の昭王の時代かそれ以前に行われたとすると、これは時代錯誤であるということになる。

康宮は春秋時代にもその名称や存在については伝えられていたが、それにまつわる実際の状況が正しく伝えられているとは言い難い状況だった。西の六師の場合と同様に、諸侯の正統性を示すためのレトリックとして記憶されていたにすぎないということになるだろう。

そして八師の場合と同様に、西周時代に周王の廟の中で特別な地位を得ていたと思しき康宮のことは『周礼』など後代の文献には一切記述されていない。やはり歴史的な記憶の偏りがある。

4 天命を受ける諸侯

†受命の独占の崩壊

ここからは視点を変えて西周の諸王の事跡に関する記述から、諸侯の歴史認識を探っていくことにしたい。

まずは文王・武王の事跡についてである。その西周時代における認識については、既に前文で議論した。西周前半期には文王が天命を受け、武王が四方を領有したと認識されていたのが、後半期になると二人の功業がひとまとめにして語られるようになった。そして臣下の側も、その祖先が文王の受命《じゅめい》や武王による克殷《こくいん》を助けたと自認し、王朝から公認されたということであった。

しかし西周後半期には、そのような認識とともに、畢伯克鼎《ひつはくこくてい》（図1‐9、『銘図』二二七三）に見られるように、臣下の祖先が受命したという歴史認識が生まれる。

畢伯克は我が大いにして明らかなる皇祖受命畢公《ひっこう》を祀る列器を作った。

〈畢伯克、肇《ここ》に朕《わ》が丕顕なる皇祖受命畢公の肆彝《しい》を作る。〉

図1-9　畢伯克鼎銘文拓本

ここでは畢伯克がその祖先を「受命畢公」と呼称している。畢公が天命を受けたと認識されていたということであろう。松井嘉徳は「顧命の臣」で、これは周王による「受命」の独占が崩壊したことを示すと評価している。

†王とともに受ける天命

受命の独占の崩壊、あるいは受命の諸侯への開放は春秋時代に更に顕著に見られるようになる。畢伯克の「畢」の国は、文王の子の畢公高《ひつこうこう》が始祖であるとされる。銘文中の「受命畢公」も畢公高を指しているのであろう。春秋諸侯の中で、畢と同じく周の王室から分かれ出た国の始祖と文王・武王に関する伝承について見ていくことにしたい。
ここでは周王室と同宗《どうそう》の諸侯のうち、春秋時代の金文に関連の記述が見える晋と曾について取り上げる。伝世文献によると、晋は武王の子の唐叔虞《とうしゆくぐ》が始祖である。曾については、新出の春秋金文である曾侯腆鐘《そうこうよしよう》（『銘続』一〇三二〜一〇三七）に「余は稷《しよく》の玄孫」、すなわち曾は周王室の始祖の后稷《こうしよく》の子孫とあるのを見ると、少なくとも春秋時代にはその祖先について周と同宗と認識されていたようである。

晋公盤《しんこうばん》（『銘続』九五二）
王の正月初吉《しよきつ》丁亥の日、晋公は言った。「我が皇祖の唐公《とうこう》は、天命を受け、武王を輔佐し、多くの蛮夷《ばんい》に対して威厳をもって命令を下し、広く四方の疆域《きよういき》を開拓し、朝廷に朝見しない国々に対しては、□を守らせないことはなかった。……」
〈唯れ王の正月初吉丁亥、晋公曰く、「我が皇祖唐公、大命を膺受し、武王を左《たす》け、百蛮《ひやくばん》を教威《きようい》し、広く四方を闢《ひら》き、丕庭《ひてい》に至りては、□を乗《と》らざるなし。……」〉

嬭加鎛《びかはく》（『銘三』一二八二〜一二八五）

王の初吉乙亥《いつがい》の日、（曾侯が）言うには、「伯括は天命を受け、禹《う》の（開いた）土地を治めて、この南方の河川の果ての地まで有した。私は文王の孫にして穆侯の長子として、（この地に）赴いて曾国を建てた。……」

〈唯れ王の正月初吉乙亥、曰く、「伯括、命を受け、禹の堵《と》に帥《すい》たりて、此《こ》の南洍《なんき》を有す。余、文王の孫にして、穆《ぼく》の元子、之《ゆ》きて曾に邦《ほう》たり。……」〉

上に引いた金文のうち、晋公盤は唐公（おそらく唐叔虞を指す）が天命を受けて武王を輔佐したとある。ここから唐叔虞は、春秋時代には武王の子ではなく弟であるとされていたという見解もある。しかし子が父親を輔佐するというのもあり得る話である。この銘文の記述から強いて唐叔虞の世代を議論する必要はないだろう。

嬭加鎛を参照すると、伯括（前文で引いた曾公畩鐘の伯括と同一人物を指す）が、唐公と同様に受命したとある。晋も曾も、臣下の祖先が受命したという歴史認識を持っていたことがわかる。程浩は畢伯克鼎を含めたこれらの例について、諸侯が周王を差し置いて天命を受けたわけではなく、あくまで周王を支える臣下として、王とともに天命を受けた、あるいは周王から命を受けたと解している。

王の正月吉日甲午《こうご》の日、曾侯腆が言うには、「伯括は主君に登用され、文王・武王の殷征伐の天命の遂行を輔佐し、天下を安撫《あんぶ》・平定させた。王は南公を派遣して、河流の入り組んだ土地に国を建てて居住させ、淮夷《わいい》の地を治め、長江・夏水《かすい》に臨《のぞ》む地を領有することとなった。周の王室が衰微してからは、我が国は楚と（盟誓を）修め重ねてきた。呉は多くの味方を頼みにして乱をおこし、西方や南方へと征伐し、楚に攻撃を加えるようになった。荊《けい》（楚）の国（の領土）は既に削られ、天命が去ろうとしていた。威厳ある曾侯は、立派な叡知《えいち》を備え、自ら武功を示して、楚の天命を安んじ、楚王を復位させた。……」

〈唯れ王の正月吉日甲午、曾侯腆曰く、「伯括上庸《じょうよう》され、文武の殷を撻するの命を左右《たす》け、天下を撫奠《ぶてん》せしむ。王、南公に遣命し、汭土《ぜいど》に営宅し、淮夷に君庇《くんひ》し、江夏《こうか》に臨有せしむ。周室之れ既に卑《ひく》く、吾れ用て楚に燮就《しょうしゅう》す。呉、衆庶《しゅうしょ》有るに恃《たの》みて行乱し、西征南伐して、乃ち楚に加う。荊邦《けいほう》既に𠜱《へん》され、而して天命将《まさ》に誤らんとす。有厳なる曾侯、業業たる厥《そ》の聖、親《みずか》ら武功を搏《はく》し、楚命《そめい》、是《ここ》に静まり、楚王を復奠《ふくてん》す。……」〉

ここに引いた曾侯腆鐘（『銘続』一〇二九～一〇三〇。前引の器とは同名にして別器）では、まず始祖の伯括が克殷の天命の降った文王・武王を輔佐したことを述べる。西周後半期の金文と同様に、文王・武王の事跡がひとまとめにされている。原文中の「文武の殷を撻するの命」の「殷を撻す」という表現は、第二節で引用した西周時代の逑盤にも見られた。西周時代の定型表現が春秋時代の南方の曾国にも伝承されていたのである。

ついで南公が周王の命により、淮夷という勢力が盤踞《ばんきょ》する南方に封建されたことを述べる。これが曾国の興りであると認識されているわけである。

しかし東遷を機に周の勢力が衰え、天命が周から南方の楚国に移ったと認識したようである。曾は楚と好《よしみ》を結ぶことになる。しかし天命は更に移ろい、今度は呉に移りかけていると言う。「呉越同舟」の故事成語で知られる呉国である。曾は楚を見捨てることなく、楚を助けてその天命を守ったのであった。

これは伝世文献に見える前五〇六年の柏挙《はくきょ》の戦いの際の状況と符合する。この戦いで呉王闔閭《こうりょ》と伍子胥《ごししょ》率いる呉が楚を破った。この時に伍子胥が父と兄を処刑した楚の平王《へいおう》の墓を暴《あば》き、その遺体を鞭打ったことで知られる。『左伝』定公四年の記述によると、敗北した楚の昭王が随（曾）に逃げ込み、随が呉から引き渡しを求められてこれを拒絶したとある。

それはともかく、嬭加鎛と曾侯䑺鐘の二つの銘文の内容をつなげることにより、曾は始祖の伯括が受命したと認識する一方で、周の文王・武王も天命を受けており、その天命が楚に移ったと認識していたことがわかる。諸侯に降された天命が王とともに受けたものであるという程浩の見解の妥当性を示すものであろう。

†独自の受命認識

しかし晉・曾とは異なり、中原諸侯から「蛮夷《ばんい》」と見なされていた楚や秦《しん》は、周王と天命をともにしない独自の伝承を有していたようである。

楚については倗戟《ほうげき》（『銘図』一七三五五）に「（天は）新たに楚王の熊樊《ゆうはん》に命令して、天命を授けた」（新たに楚王熊樊に命じ、天命を膺受せしむ）とある。短文の銘ということではっきりしない部分があるが、曾侯䑂鐘で天命が周から楚に移ったと認識されていたのと照合すると、どうも周とは無関係に天命を受けたと言いたいようである。「天命を膺受せしむ」というのは、前文で引用した師克盨など西周金文にも類似の表現が見られた。これらを踏まえた表現である。

秦が天命を受けたと記述している春秋金文は複数存在する。ここでは秦公簋《しんこうき》（『集成』四三一五）のみを取り上げよう。

秦公が言うには、「大いにして明らかなる我が皇祖は、天命を受け、禹の開いた土地を領有した。十二人の父祖は、上帝《じょうてい》のもとにいまし、厳《おごそ》かに天命を慎み、その秦の国を守り、（子孫である我らに）蛮夷の民と華夏《かか》の民を治めさせている。……」

〈秦公曰く、「不顕なる朕が皇祖、天命を受け、禹迹《うせき》に鼏宅《べきたく》す。十又二公《じゅうゆうにこう》、帝の坯《ひ》に在り、厳《げん》として天命を恭夤《きょういん》し、厥《そ》の秦を保乂《ほがい》し、蛮夏《ばんか》を赫事《かくじ》せしむ。……」〉

この金文では秦君自らの述懐という形で、その祖先が天命を受け、禹が治水によって切り開いた土地を領有したこと、天の上帝のもとにいる十二人の祖先神の加護により、蛮夷の地と華夏の地をともに治めていることなどを記している。周の時代には、祖先の魂は上帝のもとにあって子孫を見守っているという信仰があった。

なお、ここで出てきた禹とは、一般に夏王朝の初代とされる神話伝説上の王であり、治水により洪水を治めたことで知られる。禹の神話については次章でもう少し詳しく触れる。

このほか中原諸侯の金文にも独自の受命認識が見られるものがある。

私叔夷《しゅくい》が先祖や高祖のことを振り返ると、厳かに上帝のもとにいる、輝ける成湯《せいとう》は、（その昔）天命を受け、夏王《かおう》を征伐し、その大軍を打ち破った。伊尹《いいん》が輔佐したことで、（成湯は）九州《きゆうしゆう》をすべて占有し、禹の土地を支配した。（私叔夷は）大いにして明らかなる穆公《ぼくこう》の子孫であり、その母は襄公《じようこう》の娷にして、成公《せいこう》の娘にあたり、こうして叔夷が生まれ、斉侯《せいこう》のもとに仕えている。

〈夷、其の先旧《せんきゆう》及びの其《そ》の高祖に典《のつと》るに、赫赫《かくかく》たる成唐、厳として帝所《ていしよ》に在る有り、溥《あまね》く天命を受け、夏后《かこう》を剸伐《へんばつ》し、厥《そ》の霊師《れいし》を敗る。伊小臣《いしようしん》唯れ輔《たす》け、咸《ことごと》く九州を有し、禹の堵《と》に処《お》る。丕顕なる穆公の孫、其の配は襄公の妣《しゆつ》にして、成公の女《むすめ》なり、雩《ここ》に叔夷を生み、是《こ》れ斉侯の所に辟《へき》す。〉

ここに引いた叔夷鐘《しゆくいしよう》（『集成』二七二〜二八四）の作器者の叔夷は、春秋時代の斉の霊公《れいこう》に仕えた人物のようである。銘文の前半で殷の初代成湯（湯王《とうおう》とも）の事跡について述べ、後半で父系と母系の双方の祖先について述べている。

重要なのは前半の部分である。成湯は天命を受けて夏王朝の大軍を破り、伊尹の輔佐を得て禹の開いた九州を領有したとある。秦公簋と同じく禹のことに触れているが、文脈上、銘文の作者が禹を夏王朝の初代の王と認識していたかどうか微妙な所である。もともと禹と夏王朝とは無関係であり、当時の伝承では禹と夏王朝とが結びつけられていなかったかもしれないということである。

そして「天命」である。叔夷の遠祖は殷の湯王のようである。ただ、一般的に殷代には上帝に対する信仰は存在したが、天および天命の思想はまだ成立していなかったとされる。つまり成湯が天命を受けて夏を征伐したというのは、殷代以来の伝承を記述したものではなく、おそらく周の文王・武王による受命と克殷の話を参照して後代に作られたものであると考えられるのである。

ここで取り上げた倗戟、秦公簋、叔夷鐘に見える受命に関する歴史認識は、いずれも文王・武王の受命の伝承を自ら、あるいは自らの祖先が受命したという独自の始祖神話として換骨奪胎したものであった。

†昭王南征をめぐって

前節で引いた曾公畎鐘は、西周の昭王による南征についても言及している。南征については前節の冒頭で簡単に触れた。昭王が南方の楚の地域に親征し、その途上で死亡して南征自体も失敗に終わったという伝承である。

南征自体は西周金文からも実在が裏付けられている。たとえば昭王の次の穆王のころに製作されたとされる胡《こ》応《おう》姫《き》鼎《てい》(『銘続』二二一)には、「昭王が楚を伐《う》った」〈唯れ昭王、楚荆を伐つ〉とある。ほかにも南征を示すと思われる銘文がいくつか存在するが、昭王の死や南征の失敗を直接に示す金文は残されていない。
それでは曾公畎鐘での記述はどうなっているのだろうか。前節で引用した部分も含めて確認してみよう。

曾公畎が言うには、「……王は我（が祖先の皇祖）を康宮に到来させ、尹氏に皇祖に対して命令を伝えさせて、南方の地に封建し、蔡《さい》の南門の守りとし、応《おう》の亳社《はくしゃ》に誓わせた。（これにより）漢水《かんすい》の東方の地へと進み、南方の土地には限りがなく、（河川を）渉って淮夷を征伐し、繁陽《はんよう》の地に至った」。（続けて）言うには、「昭王は南行《なんこう》するにあたって、命令を曾に下して、我らの職務を尽くし、周を助けさせた。曾に鉞《えつ》を賜与し、これを用いて南方を征伐させた。……」

〈曾公畎曰く、「……王、我を康宮に格らしめ、尹氏をして皇祖に命じ、南土に建たしむ。蔡の南門を蔽《おお》い、応の亳社に誓わしむ。漢東《かんとう》に適《ゆ》きて、南方に疆《かぎり》無く、渉《わた》りて淮夷を征《せい》し、繁陽に至る」と。曰く、「昭王南行するに、命を曾に予《あた》え、咸《ことごと》く我が事を成し、有周《ゆうしゅう》を左右《たす》けしむ。之に賜うに鉞を用てし、用て南方を征せしむ。……」と。〉

この銘文では「昭王南行するに」という部分から昭王の南征について言及している。これがその前文の、周王が康宮で皇祖（南公）に南方への封建を命じたこととどうつながるのかはよくわからない。あるいは両者に関連があると見なされていたのかもしれない。曾国の封建の時期については、前節で述べたように昭王の時代かそれ以前ということであろう。

銘文では康宮で封建を命じられた後で、皇祖は漢東、すなわち漢水（長江の支流で現在の漢江《かんこう》）の東方の地へと進み、河川を渉って淮夷という勢力を征伐し、繁陽の地に至ったとある。また、昭王の南征に際して、鉞を賜って南方の征伐を命じられたとある。これは鉞が、いわば王の代理のような立場を示すもの、軍権の象徴として授けられたということであろう。以下、南征の前後の同時代の金文から、漢水周辺の地の周の軍事行動と淮夷の征伐、繁陽という土地、そして鉞の賜与の三点について言及したものを見ていくことで、春秋時代の曾による昭王南征に関する認識を探っていきたい。

†南征に関係する土地

まず漢水周辺の土地と南征との関係については、古本《こほん》『竹書紀年《ちくしょきねん》』（この書については第三章で触れる）では「周の昭王十六年に、楚を伐つに際して、漢水を渡り、大きな水牛と出会った」〈周の昭王十六年、楚荆を伐つに、漢を渉り、大兕《だいじ》に遇《あ》う〉とある。また昭王十九年のこととして、「天が大いに曇り、雉や兎がみな震え、（周は）六師を漢水に失った」〈天、大いに曀《くも》り、雉兎《ちと》皆震《みなふる》え、六師を漢に喪《うしな》う〉ともある。

昭王は遠征地の楚への往来に漢水を渡り、帰路におそらく洪水などの事情で全滅の憂《う》き目《め》に遭《あ》ったということである。ただし『竹書紀年』も後代の文献には違いないので、これをそのまま歴史的事実として受け取ってよいかどうかは検討の必要がある。

同時代の金文では、京師畯尊《けいししゅんそん》（『銘図』一一七八四）には「王が漢水を渡って楚を伐った」〈王、漢を渉りて楚を伐つ〉とあり、確かに楚地への南征に際して王が漢水を渡ったことがわかる。

南征と曾との関わりについては、静方鼎《せいほうてい》（銘図二四六一）に、王が静という人物に南征に先立ち現地視察などの準備行動をさせたことが見える。その後で「お前の采邑《さいゆう》と、曾・鄂《がく》に所在する軍隊を管轄せよ」〈汝の采を司り、曾・鄂に在《あ》るの師を司れ〉という命令が下されている。つまりは曾地と鄂地に南征の軍事的拠点が置かれていたことになる。

考古学による発掘の成果として、湖北省《こほくしょう》随州市《ずいしゅうし》の葉家山《ようかざん》で西周時代の曾国墓地が、同じく随州市の安居羊子山《あんきょようしざん》で鄂国墓地が発見されており、それぞれ曾・鄂の国名、あるいは族名を記した青銅器が発掘されている。静方鼎からうかがわれるように曾と鄂とが隣接していたことがわかる。この銘に言う「曾・鄂に在るの師」もその付近に置かれたのであろう。

銘文での順番が前後するが、先に「繁陽」の地について見ておくと、この地はほかに春秋時代の晋の金文や『左伝』などにも見える。楊伯峻《ようはくしゅん》の『春秋左伝注』によると、繁陽は現在の河南《かなん》省新蔡《しんさい》県の北に位置するという。

†周と淮夷

そして昭王期の前後の淮夷の征伐についてである。淮夷は一般に淮水《わいすい》（現在の淮河《わいが》）の流域で活動した勢力とされている。西周金文において淮夷の動きは、雷晋豪が指摘するようにまず昭王による南征の失敗後の穆王期のころに確認される。

ああ、淮夷が（周の）内部の地域に侵攻した。お前は成周《せいしゅう》の師氏《しし》たちを率いて古《こ》の駐屯地を防衛せよ。
〈叡《ああ》、淮夷敢えて内国《ないこく》を伐つ。汝其れ成周師氏を以《ひき》いて古師《こし》に戍《まも》れ。〉

ここに引いた穆王の前後の彔戜卣《ろくしゅうゆう》（『集成』五四一九～五四二〇）では、淮夷が周の内地にまで侵攻し、作器者の㦰が古という軍事拠点で防衛するよう命じられている。高島敏夫が指摘するように、南方へと積極的に攻勢に出た昭王期に対して、この時期には内地の防衛の必要に迫られていたのである。ただし、昭王の時代に周が淮夷と事を構えたことは、この時期の金文からは確認されない。

その後は松井嘉徳が「呉虎鼎銘考釈」で指摘するように、西周後半期の厲王《れいおう》・宣王《せんおう》の時代に、周王朝は再び淮夷に関心を持つようになる。

同時期の金文の翏生盨《りゅうせいしゅ》（『集成』四四五九～四四六二）では、「王が南淮夷《なんわいい》の地に遠征し、角《かく》・津《しん》・桐《とう》・遹《いつ》の地を伐った」〈王、南淮夷を征《せい》し、角・津を伐ち、桐・遹を伐つ〉とある。南淮夷はおそらく淮夷と同じ勢力か、あるいはその一部を指している。銘文中の「角・津・桐・遹」というのは淮夷の支配する土地であろう。穆王の時代とは打って変わって、今度は周の側が淮夷に対して攻勢に出たわけである。

厲王が自ら製作させたとされる㝬鐘《こしょう》（宗周鐘《そうしゅうしょう》とも。『集成』二六〇）は、翏生盨と同じ戦役を記述していると見られる。ほかにも関連の金文がいくつか存在する。これらの金文を参照すると、この時の親征は周側の勝利に終わったようである。㝬鐘には南夷《なんい》・東夷《とうい》の治める二十六もの国が王に謁見したとある。このうちの「南夷」は「南淮夷」を指すのであろう。

図 1-10　左から半環形銅鉞（1-10-1）と玉鉞（1-10-2）

これらの金文からすると、曾公眎鐘で淮夷の征伐を西周前半期の昭王の前後のこととして位置づけているのは、後半期の厲王のころの、王による淮夷の征伐を誤認したものではないかと疑われる。こういう事情で、曾公眎鐘の淮夷の征伐に関する記述については史実性に疑問が生じるのである。

軍権の象徴としての鉞

最後に、曾への封建に際して軍権の象徴として鉞を賜ったことについては、西周金文では虢季子《かくきし》白盤《はくばん》（『集成』一〇一七三）に「（王は虢季子白に）鉞を賜って〈命じるに、〉『これによって蛮夷の国々を征伐せよ』」〈賜うに鉞を用てす、「用て蛮方《ばんぽう》を征せよ」と〉とあり、その類例と見なすことができる。しかしこれも西周後半期の事例であり、それ以前にそうした風習があったかどうかは金文上では確認されていない。

一方で、鉞は新石器時代より指導者としての地位を示すものであったことが知られている。前述の葉家山曾国墓地の一一一号墓から、複数の青銅製および玉製の鉞や斧鉞《ふえつ》が出土している（図1－10）。これらのうちいずれかが、曾公𠫤鐘に言う昭王から授けられた鉞そのものであるというわけではないだろうが、銘文中の鉞の賜与の伝承と関係している可能性は否定できない。

以上、曾公𠫤鐘の昭王南征に関連する記述について、西周金文と対比しながら見てきた。これらは西周金文に記述する所と符合するものが見られる一方で、時代錯誤が疑われる部分も存在した。

少なくとも春秋金文である曾公𠫤鐘を西周時代の昭王の南征や、昭王の前後の時期の史料として参照するのは問題があるということになる。「康宮」の場合と同様に、南征に関する記述は、歴史的な事実としてではなく、春秋時代の曾国が当地を支配する正統性を示すための歴史認識を記したものとして扱う必要がある。

第二章
後代の文献から見る——西周〜春秋時代Ⅱ

1 「神話なき国」の叙事詩

†古代中国に叙事詩は存在したか

本章では前章とは趣向を変えて、後代に二次的に編纂された文献に見える、西周王朝や春秋時代の諸侯の神話に注目してみたい。世界各地の神話伝説は、もともと口承によって語られてきたものが後に文献としてまとめられたとされている。たとえば我が国の『古事記』も一般にそうしたものであるとされている。『古事記』の序文には以下のようにある。

しかしながら古い時代は、言葉もその意味もともに素朴で、漢字によって文章や文句を書き表すのが難しい。すべて漢字の意味を取って記述すると、文章の真意を充分に表現できない。すべて漢字の音によって記述すると、文章が長くなってしまう。

〈然《しか》れども上古の時は、言《ことば》と意《こころ》と並な朴《すなお》にして、文を敷き句を構うること、字に於いては即《すなわ》ち難《かた》し。已《すで》に訓に因《よ》りて述べたるは、詞《ことば》、心に逮《およ》ばず、全く音を以て連ねたるは、事の趣《おもむ》き更に長し。〉

つまり、古い時代には言葉もその意味も素朴で、漢字によって文章を書き表すのが難しい。だから漢字の意味を取って漢文として記述すると、文章の真意を充分に表現できず、かと言ってすべて漢字の音によって万葉仮名方式で記述すると、文章が長くなってしまうと言うのである。

日本の神話伝説や歴史を漢字によって書き表す苦衷を述べているわけである。逆に言うと、それ以前はこうしたものは口承で伝えられてきたということになる。

そして口承で神話伝説などを伝える際に、古代ギリシアのトロイア戦争に関する物語である『イリアス』と、その後日談にあたる『オデュッセイア』、メソポタミア神話の英雄譚である『ギルガメシュ叙事詩』、古代インド神話の『ラーマーヤナ』『マハーバーラタ』、アイヌのユーカラなどのように、しばしば叙事詩の形で伝えられた。

本節では中国古代の叙事詩から周の神話や伝説、歴史をたどることにしたいのだが、「中国には叙事詩が存在しない」という風によく言われる。ドイツの哲学者ヘーゲルが最初に言い出したらしく、彼の講義録『美学講義』には、「中国人は国民的な叙事詩をもちません」とある（長谷川宏の訳文による）。ここでは「国民的」とあるが、「民族的」と同じ意味であると見てよいだろう。

叙事詩というのは、作者の感情を表現した叙情詩に対して、物語や出来事を語った詩であるという風に理解されている読者も多いことだろう。しかしここで言っているのは、その中でも特に民族の神話や歴史、英雄の事跡を歌ったものである。先に挙げた『イリアス』や『オデュッセイア』『ラーマーヤナ』などがそれに該当するとされている（ヘーゲルもそれらの作品の多くを叙事詩の例として挙げている）。

古代中国には『イリアス』『オデュッセイア』のような叙事詩が存在しなかったというのは学界の共通見解になっているようである。

しかし中国最古の詩集で五経のひとつである『詩経』をひもとくと、神話伝説を語った叙事詩と評価してもよさそうな詩がいくつか存在する。事実、中国文学や中国古代史研究者の中には、『詩経』のいくつかの詩について叙事詩であると判断している論者も存在する。それらの詩は『イリアス』『オデュッセイア』などと比べると長大とは言えないが、『詩経』に収録されている詩の中では、比較的長いものが多い。ヘーゲルの指摘には問題があるということになるだろう。

†『詩経』の成立年代と構成

しかし『詩経』に収録されている周の神話や伝説、歴史を語る叙事詩を西周時代の史料として見るにはひとつ問題がある。成立年代の問題である。『詩経』の成立年代については諸説ある。その詩の中には、西周金文に見えるものと同様の語彙や体裁を用いたものも見られるのが評価を難しくしている。

たとえば『詩経』の論著とともに訳注も手がけている白川静は、『詩経』の諸詩の成立を、西周後半期の第九代夷王《いおう》、第十代厲王《れいおう》のころから、春秋時代中期の秦の穆公《ぼくこう》が没する前六二一年までの前後の時期としている。秦の穆公の没年が関係するのは、『詩経』の黄《こう》鳥《ちょう》が穆公の殉死者について歌った詩であるためである。

しかし松井嘉徳は「はじまりの記憶」において、前章で見たように、金文は西周時代の同時代史料ではあるが、必ずしも一次史料ではなく、逆に『詩経』は史料として同時代性が担保されていないとする。そして白川静が夷王・厲王のころの成立とする周の神話や歴史を語った詩について、その成立が春秋初期まで下るのではないかと言う。

こういった事情により、成立年代の上限については定めがたい部分がある。下限については、中国の上海博物館《しゃんはいはくぶつかん》所蔵の戦国時代の竹簡（上博簡《じょうはくかん》と略称される）の『孔子詩論《こうししろん》』という文献に「訟（頌《しょう》）」「大夏（大雅《たいが》）」「少夏（小雅《しょうが》）」「邦風（国風《こくふう》）」といった『詩経』の詩の区分が見え、また安徽大学《あんきだいがく》所蔵の戦国竹簡（安大簡《あんだいかん》と略称される）に『詩経』国風の詩の一部が見えるところから、戦国時代ということになる。『詩経』は遅くとも戦国時代までには、現在のものに近い形になっていたのである。

ここで『詩経』の構成について説明しておこう。『詩経』は大きく「国風」「小雅」「大雅」「頌」の四つの部分に分かれる。

「国風」はお国ぶりを歌った民謡を集めたものとされ、「周南《しゅうなん》」「召南《しょうなん》」「衛風《えいふう》」「秦風《しんぷう》」など地域や国ごとにまとめられている。『詩経』の中で最も読まれている部分で、高校の漢文の教科書でよく取り上げられる関雎《かんしょ》と桃夭《とうよう》も国風の詩である。

それ以外は一般に馴染みの薄い部分ということになる。「雅」は宮中の饗宴での舞楽に用いられたとされる。このうち「小雅」は政治に関わることや戦争、軍功や饗宴について歌っており、政治批判の詩もある。「大雅」は特に周王室の神話伝説を歌うものが多い。「頌」は宗廟での祭祀に関わる内容で、「周頌《しゅうしょう》」「魯頌《ろしょう》」「商頌《しょうしょう》」の三つに分かれる。それぞれ周、魯《ろ》、そして商（殷）王室の子孫とされる宋《そう》の詩である。

本節で見ていくのは、このうち大雅の詩である。成立年代の問題など『詩経』の限界を踏まえたうえで、古代の叙事詩から、西周金文では触れられていない周王朝樹立以前の周人《しゅうひと》のあゆみと歴史認識を探っていくことにしたい。

†「神話なき国」の神話

「中国は神話なき国である」と言われることがある。正確には、中国にはギリシア神話や日本神話などとは違って断片的な形でしか伝えられず、神話が体系化、集成される前に、神々や英雄の物語が歴史物語や道徳的な教訓話として伝えられるようになったということである。

一例を挙げよう。五帝のひとりとして知られる舜は、『史記』五帝本紀《ごていほんぎ》によると、母親に早く死なれ、継母を娶《めと》った父は彼女との間に産まれた弟の方をかわいがっていた。そして父、継母、弟の三人とも性格が悪く、舜を疎《うと》ましく思い、機会があれば殺そうと思っていた。舜は家族から理不尽な目に遭わされても父母に孝を尽くし、弟をかわいがった。

やはり五帝のひとりである堯はそんな舜を評価し、自分の二人の娘と結婚させた。舜に嫉妬した父親と弟はいよいよ舜を殺そうと決意する。ある時父親は舜を倉に上らせて壁を塗らせ、自分は下から火を着けて焼き殺そうとした。またある時は彼に井戸を掘らせて上から土を流し、生き埋めにしようとした。

このような目に遭っても舜は以前と変わらず父親に孝を尽くした。それを聞いた堯はますます舜を評価して引き立て、後には彼に君主の座を禅譲《ぜんじょう》した。

この話は、元来は英雄が若年のころに周囲の人間にいじめられて試練を受けるという英雄伝説の一種であったのだろう。日本神話のオオクニヌシにも、兄たちを差し置いて女神から求婚されたというので、兄たちからいじめられて死んでしまい、母親の尽力により復活するという話がある。これと同種の神話である。他の地域では英雄伝説になるような話が、中国では親への孝行や兄弟の友愛を尊ぶ儒家思想の影響により、親孝行の教訓話に化けてしまったのである。

もうひとつ例を挙げる。殷の前の夏《か》王朝の初代の王として知られる禹《う》の治水の話である。これは『史記』夏本紀などに見える。堯・舜の時代に大洪水が起こり、大地は水浸しとなった。堯はまず鯀《こん》という人物に治水を命じた。しかしなかなか治水が思うように進まなかった。堯にかわって政治を執るようになった舜は鯀を流罪にして死に追いやり、その子の禹に治水を任せたところ、艱難辛苦してようやく治水を成し遂げたという話である。

　禹はその後大地を冀州《きしゅう》・沇州《えんしゅう》（兗州《えんしゅう》とも）・青州《せいしゅう》・徐州《じょしゅう》・揚州《ようしゅう》・荊州《けいしゅう》・豫州《よしゅう》・梁州《りょうしゅう》・雍《よう》州《しゅう》の九州に分けてその境界を定めたとされる（これにちなんで「九州」を中国の別称として用いることがある）。夏本紀及びその元ネタとなった『尚書』禹貢《うこう》では、州ごとの風土が詳細に記述されている。

　禹の治水は、『旧約聖書』のノアの方舟《はこぶね》の話に代表される洪水神話のひとつに数えられる。しかしその物語には神話的な色彩が乏しく、歴史物語のようになっている。

†感生説話

「中国は神話なき国である」という評価は、「中国には叙事詩が存在しない」という評価とつながっているのではないかと思われる。そこで、中国には神話らしい物語が残っていないのかどうかを、今度は『詩経』の中の叙事詩から探ってみることにしたい。

　なお本書では『詩経』を引用する際に目加田誠による訳文のみを挙げて部分的に手を加え、書き下し文を省略する。原文の用字を生かした訳文になっているからである。

　ここで引く詩は『詩経』大雅の生民《せいみん》で、周の始祖后稷《こうしょく》について歌ったものである（図2-1の系図を参照）。

その初め周人《しゅうひと》を生める、こはこれ姜嫄《きょうげん》、その生みしは如何《いかん》なりしぞ、よくつつしみよく祀《まつ》りて、子なきが禍《わざわい》を払い去り、天帝の足の親指の跡踏んで胎動き、ここに天の恩寵加わりやどりて、載《すなわ》ち娠《みごも》り載ち夙《つつし》み、載ち生みなせるもの、これ后稷なり。

生民は全八章である。ここではその一部を適宜抜き出して読んでいきたい。

まず第一章。周人の誕生を説明する体裁で物語が始まる。おそらく不妊に悩んでいたのであろう姜嫄という女性が、子どもができるようにとお祈りをする。そして天帝（上帝）

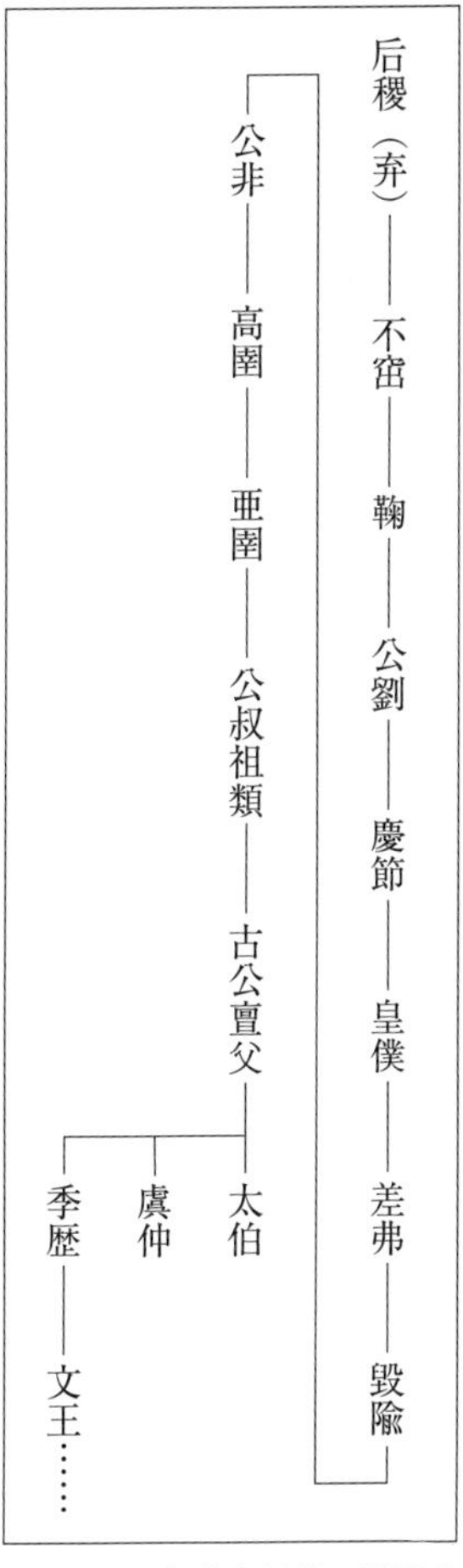

図2-1　王朝成立以前の周王室系図

の足跡の親指の部分を踏むと身籠もったような感触を得た。ここでは天帝は巨人のように大きいということになっていたようである。そして実際に懐妊し、后稷を生んだ。
これは、帝王の母が超常現象や自然現象など、夫との夫婦生活以外の手段で子どもを身籠もるという感生説話《かんせいせつわ》（感生帝説などとも）と呼ばれるものである。同様の事例として、殷の始祖の契《せつ》は、母親が玄鳥《げんちょう》（つばめ）の卵を飲んで懐妊したという話がある。『詩経』では商頌の玄鳥でそのことを歌っており、『史記』の殷本紀にもその話が見える。ほかに『史記』に見える事例としては、高祖《こうそ》本紀《ほんぎ》の、劉邦は母が夢で神に会って彼を身籠もったという話もよく知られている。この時劉邦の父親は蛟竜《こうりゅう》が妻の上にいるのを目撃したと言う。

それその子を隘《せま》き巷《ちまた》に棄《す》て寘《お》くに、牛羊腓《かば》いて乳養いぬ、林の中に棄て寘けば、木伐《こ》りに会いて救われぬ、寒《つめた》き氷《こおり》に棄て寘けば、鳥、翼もて覆《おお》い敷きぬ、鳥飛び立ちて、后稷呱々《わわ》と声あげたり、その声覃《たか》く訏《おお》いにて、あまねく路《みち》に載《み》ちわたれり。

ついで第三章である。どういう事情があったのか后稷は母に棄てられてしまった。これにちなんで后稷は「弃《き》」（棄）とも呼ばれる。最初は狭い路地に棄てられたが、牛や羊が乳を与えて養った。次に林の中に棄てると木樵《きこり》に拾われ、氷の上に棄てると鳥が翼で暖める。ここで后稷が尋常の子どもではないことが示されている。

それ匍匐《はらば》いてありしより、心いとさとくして、乳ばなれし時より、はやくも荏菽《まめ》を蓺《う》えたり、荏菽はふさふさ実《な》り、禾《いね》はすいすいと列《つら》なり、麻麦はもうもうと茂り、瓜《うり》瓞《こうり》はごろごろとなりぬ。

結局后稷は母親のもとで育てられることになったようである。第四章では、后稷が乳離れすると豆、稲、麻や麦、瓜といった作物の栽培を始め、どれもよく実ったことが歌われている。后稷は舜によって農官に任じられたとされており、あるいは農業の神であったともされる。その片鱗が幼な子のころから現れていたのである。

人類に火をもたらしたギリシア神話のプロメテウスのように、人々に有益な事物をもたらす存在を「文化英雄」と呼ぶが、后稷は人々に農業を広めた「文化英雄」としての側面があったのかもしれない。

その後の章では、后稷は成長後に農業に努めて邰《たい》の地（現在の陝西省武功《ぶこう》県）に居を定めたこと、天が彼に嘉種《かしゅ》（良い穀物の種）を降し、これを栽培したこと、天をよく祀ったことを歌う。

生民は『詩経』の中でも叙事詩として神話的な色彩の強いものである。この詩の内容は『史記』周本紀の后稷に関する部分でも取り入れられている。叙事詩の形で述べられている神話が、『史記』の史料として生かされているということになる。

†農耕と定住

后稷ののちにその功業が叙事詩として残っているのは、豳《ひん》の地（今の陝西省彬《ひん》県、旬邑《じゅんゆう》県の間）に拠点を築いた公劉《こうりゅう》と、文王の祖父で周原《しゅうげん》の地（今の陝西省岐山《きざん》県、扶風《ふふう》県の一帯）に拠点を築いた古《こ》公亶父《こうたんぽ》である。古公は太王《たいおう》とも呼ばれる。

公劉のことは大雅の公劉の詩に見える。ここでは古公亶父と文王の事跡を歌った緜《めん》の詩を見てみよう。この詩は九章から成る。


緜々とつながり絶えぬ瓜瓞、わが周人の生《な》り出《い》でたるは、沮漆《そしつ》の川の辺《ほとり》であった。

古公亶父は、穴居の住居《すまい》、まだその家もなかった。


まず第一章。目加田訳では「周人」と意訳されているが、人間の誕生から話を始めるのは生民と同様である。沮、漆というのは川の名前である。古公亶父のころには、人はまだ原始的な穴蔵《あなぐら》を住居としていて建物などはなかったと言う。これはもちろん、現実に当時の周の人々がそのような生活をしていたのかというのとはまた別の問題である。

詩文の引用は省略するが、第二章で、古公亶父は現在の陝西省にある岐山の麓で生涯の伴侶となる姜女《きょうじょ》と出会う。彼女は太姜《たいきょう》と呼ばれる。

周原の地はよく肥えて、菫《きん》や荼《と》も飴のように甘かった。そこで始めてともに謀り、亀をきざんで灼《や》いて占えば、ここに止《とど》まれここがよしと、そこで家をここに置いた。

第三章。岐山の周辺の周原の地は土壌が豊かであった。菫は菜っ葉、もしくはなずなを指し、荼は苦菜である。それが飴のように甘かったと言う。そこで夫婦は亀甲の占いをしたところ吉と出たので、この地を終《つい》の住処《すみか》にすることにした。

この部分と先に挙げた生民の詩とを合わせ読むと、農業、そして定住へのこだわりが感じられる。王明珂は「華夏辺縁的形成」で、「社会的記憶」の観点から、これらの神話伝説が歌われ書かれた西周末期以降の、農耕民としての周人、あるいは広く周王朝を奉じる人々（王氏はこれを「華夏《かか》」とか「夏《か》」と呼んでいる）のアイデンティティが投影されたものと見る。これらの詩では、農耕や定住が自分たちと、彼らが野蛮人と見なす戎狄《じゅうてき》など外部勢力とを分かつ基準となっていると指摘している。そうした歴史的経緯、あるいは歴史認識が詩の背景となっているると考えられるのである。

†古公の国造り

緜の詩の続きを見ていこう。実はここからがこの詩の見所である。

そうして慰《やす》んじてここに止まり、民を左や右に分けて住まわせ、境をかぎり地を分かち、溝《みぞ》を導き畝《うね》を作り、西から東まで、のこることなく事を運んだ。

第四章では、周原に腰を据えることを決めた古公が土地の境界線を示し、民の住む所や耕作地などの区画を定め、周の国造りを開始する。

さて司空《しくう》（土木の長官）を召し、司徒《しと》（夫役《ぶやく》の長官）を召し、宮室を建てさせた。その墨縄《すみなわ》もまっすぐに、築板《つきいた》をつかねて樹《た》てて、廟《びょう》をおごそかに造った。

畚《もっこ》でザアザア土を運び、築板の間にゴウゴウ投げ入れ、これをトントン打ちかため、牆《かき》の面《おもて》を削りならせば、百堵《ももかき》が一時にできて、励ます太鼓も遅れがちだった。

城の外輪《そとわ》の皐門《こうもん》は、高く聳《そび》え、宮殿の正面の応門《おうもん》は、おごそかに構えられた、そこで社壇《しゃだん》を立てて、ここに祈って大軍を出した。

第五章から七章まで。ここでは宮殿や宗廟、城壁、城門などの建築の様子が具体的に、かつ擬音のような表現を交えて生き生きと描写されている。なお、訳文で「ザアザア」のように擬音として表現されている部分は、原文では「陾陾《じょうじょう》」など漢字二文字を連ねる表現となっている。

国造りの工事を指揮する司空と司徒は、軍事長官に相当する司馬《しば》とともに、西周金文にも官名として見える。周原では実際に、詩で歌われているような宮殿や宗廟の跡と見られる建築遺構が発掘調査によって発見されている。ただしそれらの多くは殷末周初の文王の時代か西周に入ってからのものと見られている。

畚で土を運んで二枚の築板の間に入れるというのは、版築《はんちく》と呼ばれる技法である。これは当時の一般的な城壁の建築法である。たとえば万里の長城なども現在は立派なレンガ造りの城壁となっているが、始皇帝の時代のものはその多くが版築によって建てられたものであるとされている。

周原では長らく城壁が発見されていなかった。しかし西江清高は、近年の調査によって宮城に相当する城壁が存在していたことが明らかになったと報告している。城壁を造る描写のあるこの詩も、同時代の作ではないとはいえ、作り事を歌っているというわけではなさそうである。ただ、この城壁も古公より後の時期のもののようである。

古公からその孫の文王まで、周はこの周原を拠点とした。最後の第九章は突然文王の時代の話となってこの詩を締めている。最初の二句は「虞芮《ぐぜい》の君もさばきを求め、文王は遂に蹶起《けっき》した」と歌っている。虞芮の君云々というのは周本紀に見える説話で、虞国と芮国との間で争いごとが起こったことを指す。それで両国の人は文王に裁きをつけてもらおうと周に赴いたところ、周の人々はみな田地を耕すのに畔《あぜ》を譲り合うといった調子で譲り合いの精神を身につけていた。両国の人はともに自分たちの行動を恥じて帰って行ったという話である。

一説には、虞国と芮国の争いごととは土地に関係するものであったと言う。王明珂は「華夏対西周的記憶与失憶」で、この物語は前章の第一節で触れた散氏盤に見えるような、西周時代の貴族同士の土地をめぐる紛争の記憶が背景にあるのではないかと推測する。あるいは、虞芮の争いの物語は叙事詩の形で伝えられた時期もあったのかもしれない。

†戦いの詩

そして文王の時代に至る。古公と文王をつなぐ王季《おうき》（季《き》歴《れき》とも呼ばれる）については、現存の『詩経』の中では二、三篇に名前が見えるだけで、古公や文王ほどには詳しい事跡を歌ったものはない。

このことから松井嘉徳は、王季は古公以来の周の系譜を歴史的に語るための接続点でしかなかったと主張する。ただ、陝西省岐山県の周公廟《しゅうこうびょう》遺跡で近年発掘された周の甲骨文に王季の号が見えるものがあり、取り敢えず実在はしていたようである。

さて話を戻そう。大雅の大明《たいめい》の詩は八章から成り、文王・武王二代の事跡を歌ったものである。詩の前半では、問題の王季と太任《たいじん》という女性との結婚、文王の誕生を語る。ここではそのあとの後半の三章を見ていくことにする。

かくて天から命じられ、この文王に、周の京《みやこ》に命が降った、后《きさき》の道を継ぎたもうは、莘《しん》国の長女、かしこくも武王を生みたもうた、天はこの君を佑《たす》け命じて、大殷を伐《う》たしめた。

第六章。文王にいよいよ克殷の天命が降る。その妻は莘という国の女性で、後継ぎとなる武王を生むことになる。彼女は太姒《たいじ》と呼ばれる。しかし文王の時代にはその天命を果たすことができず、克殷の事業は武王に受け継がれる。

殷の軍《いくさ》、その旗は林のよう、武王は牧野に誓いたもうた、今ぞわが興らんとき、上帝汝に照臨《しょうりん》したもう、汝ら疑う心あるなかれ。

第七章、八章では、前章の第二節でも触れた牧野の戦いの様子を歌う。牧野の戦いについては、ほかの文献では『尚書』牧誓《ぼくせい》が詳しく語っている。『史記』周本紀はその牧誓などを引用する形でまとめている。

この第七章では武王の将兵に対する誓約について語る。ここでの誓いの言葉は、散文の形式で記述する牧誓などとはまた違っている。牧誓では戦いに駆けつけた同盟軍に対して誓いの言葉を長々と挙げているが、ここでは「今ぞわが興らんとき、上帝汝に照臨したもう、汝ら疑う心あるなかれ」と、ごく簡潔な言葉となっている。

牧野はひろく、檀《まゆみ》の車はかがやかに、四つの騵《はらじろ》きおい立つ、ここに師尚父《ししょうほ》、鷹のごとくかけ揚がり、武王を涼《たす》けて、大殷を襲い撃てば、会戦の朝天が下清く明《あき》らけく開け渡った。

そして第八章。戦場を四頭の腹の毛の白い馬に引かれた戦車が駆け巡るさまを描写し、最後に殷周の戦いが早朝には決着がついたことを歌う。前章で触れたように、このことはほかの文献や金文にも見える。

武王を輔佐する師尚父とは、その軍師として知られる太公望呂尚《たいこうぼうりよしょう》のことである。太公望の事跡は、ここに引く『詩経』など儒家の経典では記述が乏しい。実のところ同時代史料である西周金文でも、そもそも実在したかどうかがあやふやである。太公望は歴史上どのような人物であったかを問うよりも、歴史的にどのような人物として認識されてきたかを問うべき人物なのだろう。

『詩経』にはほかにも、西周後半期の、北方の玁狁《けんいん》や南方の淮夷《わいい》との戦いなど、外部勢力との戦争に関する詩がいくつか見える。伝世・出土文献に、それぞれ現存の『詩経』には見えない逸詩《いっし》と呼ばれる詩の断片が見えるものがある。このような今に伝わっていない詩の中にも戦争について語った叙事詩が存在していたのかもしれない。

2 祖先神話とその承認

春秋人と父祖

前章で引用した叔夷鐘《しゅくいしょう》には、「丕顕《ひけん》なる穆公《ぼくこう》の孫、其の配は襄公《じょうこう》の妣《しゅつ》にして、成公《せいこう》の女《むすめ》なり」と、銘文の製作者である叔夷の系譜についての言及が見られた。また曾国の金文嬭《び》加鎛《かはく》には「余、文王の孫にして、穆の元子《げんし》」と、やはり祖先についての記述がある。

金文にはこのような祖先の系譜や事跡についての記述が多数見られる。春秋時代になると、嬭加鎛のように「〇〇の孫、××の子」という形式でまとめられるものが多くなる。この場合の「孫」というのは必ずしも子の子という意味ではなく、多くの場合、子孫という意味合いである。

春秋金文からほかの事例をいくつか拾い出してみよう。宋《そう》の景公《けいこう》の銘とされる宋公欒簠《そうこうらんほ》（『集成』四五八九～四五九〇）には、「有殷天乙唐《ゆういんてんいつとう》の孫宋公欒」とある。「唐」というのは叔夷鐘の「成唐」と同じく、殷の初代湯王のことである。宋は殷の最後の王である紂王《ちゅうおう》の兄、微子啓《びしけい》が建てた国であるとされる。

また、邵縓鐘《りょげんしょう》（『集成』二二五〜二三七）には「余、畢公《ひっこう》の孫、呂伯《りょはく》の子」、鄭荘公之孫《ていそうこうのまご》鼎《てい》（『銘図』一四〇九五）には「余、鄭の荘公の孫、余、烈《れつ》の子」とある。「畢公」は、やはり前章第四節で出てきた畢伯克鼎の「受命畢公」と同一の人物を指す。鄭の荘公は、鄭の三代目の君主である。

春秋金文に見える遠祖は、大体は王か諸侯であるが、例外もある。山東省の小国の邾《ちゅ》の器である邾公釛鐘《ちゅこうたくしょう》（『集成』一〇二）には「陸融《りくゆう》の孫邾公釛」とある。「陸融」というのは、『史記』楚世家などの文献で楚の祖先とされている陸終《りくしゅう》、あるいは祝融《しゅくゆう》を指すとされている。すなわちこの銘によると、邾の君主は昔の王侯ではなく伝説上の人物を遠祖としているということになる。

†楚と殷周王朝

戦国時代以降の文献にも、王侯の祖先に関する伝承が多く記載されている。たとえば五覇のひとりとして知られる斉の桓公をはじめとする春秋時代の斉《せい》の君主の始祖は、文王・武王の師となった太公望であることはよく知られている。楚の君主の遠祖の鬻熊《いくゆう》も、『史記』楚世家によると、やはり文王の師とされている。太公望の伝承を参照していることは想像に難《かた》くない。

楚世家では周王朝との関係が強調されているが、近年公表された清華簡『楚居《そきょ》』によると、殷王朝との関係が強調されている。『楚居』は楚の歴代君主の居所や伝承を記述した文献である。まず楚の遠祖のひとり季連《きれん》が殷王盤庚《ばんこう》の息子に従い、その娘（すなわち盤庚の孫娘）の妣隹《ひすい》を妻として二子が生まれたとされている。盤庚は殷代後期の王で、現在の河南省安陽《あんよう》市にある殷墟《いんきょ》に遷都したとされてきた（ただし現在では、盤庚が遷都したのは殷墟ではなく、その目と鼻の先にある洹北商城《かんほくしょうじょう》であると考えられている）。

その後穴熊《けつゆう》が妣列《ひれつ》という女性を妻として、また二子が生まれた。その二番目の子の麗季《れいき》が母親の胸を破って生まれ出て、殷の賢臣とされる巫咸《ふかん》が楚《いばら》で母親の胸を縫合してその命を助けたので、「楚人《そひと》」という呼称が生じたとしている。

このように『楚居』では、楚の遠祖だけではなく国名の由来も殷王朝に関連づけているわけである。周王朝との関係については言及されていない。この二つの祖先伝承はどちらが先に成立したかはわからない。

あるいは楚と周王朝との関係の変化に応じて、周王朝との関係が良好な時には、鬻熊が文王の師であるという歴史認識が語られ、関係が悪化すると、浅野裕一が指摘するように、周への対抗心から殷王朝とのつながりを示す歴史認識が語られたということかもしれない。

なお、楚の遠祖については、戦国時代の安大簡に楚史類《そしるい》、すなわち楚国の史書が含まれている。この楚史類はまだ全文が公表されているわけではないが、かつて安徽大学で安大簡の整理にあたっていた黄徳寛の報告によると、『史記』楚世家とは、楚の遠祖の系譜などで異同があるとのことである。また黄徳寛は、楚史類によって伝世文献に見える陸終は祝融の誤りであり、『楚居』に登場する穴熊は鬻熊と同一人物ではないかと指摘している。

†「政治的」な呉の系譜

楚の祖先に関する歴史認識のように、王侯の系譜や祖先にまつわる伝承がその時々の政治状況によって変化しうるものであるならば、文献に見える祖先伝承は、その全部か、あるいはその一部が虚構である可能性が高いということになる。

その格好の事例が、「呉越同舟」の言葉で知られる呉の祖先伝承である。呉の伝承については『史記』呉世家がまとめてくれている。これによると、周の太王《たいおう》（古《こ》公亶父《こうたんぽ》）には、前節で触れた王季《おうき》（季歴《きれき》）のほかに、太伯《たいはく》（泰伯《たいはく》）と仲雍《ちゅうよう》という子がいた。しかし二人は末弟の王季とその子の昌《しょう》（後の文王）に後を継がせるために、ともに連れ立って南方の荊《けい》蛮《ばん》の地に去って呉の国を立てた。呉は「蛮夷《ばんい》」とされるが、その実血統は周王室とつながるとするのである（呉の系譜については図2－2を参照）。

しかし太伯には子がなかったので、彼の後は仲雍の子孫に君主の位が受け継がれた。そ

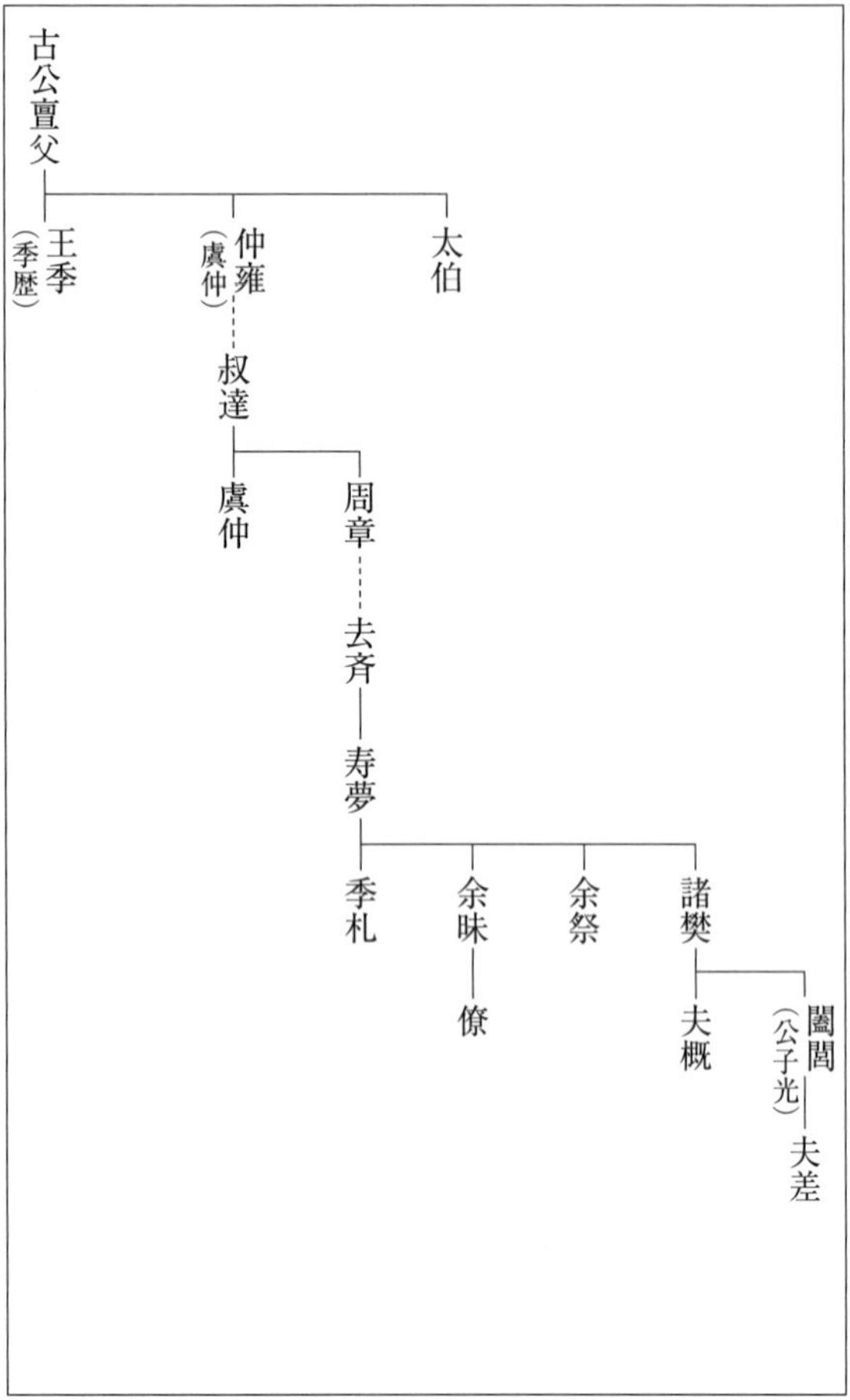

図 2-2　呉国系図

して周章《しゅうしょう》の代に武王が殷を倒し、武王は改めて周章を呉に封建すると同時に、その弟の虞仲《ぐちゅう》を別途諸侯として立て、虞《ぐ》国の開祖としたという。ここでは、呉と虞はともに仲雍を遠祖としていることになる。

一方で、『史記』より以前に編纂された『左伝』の僖公《きこう》五年では、虞の始祖について、大伯《たいはく》（太伯）と虞仲はともに大王《たいおう》（太王）の子であったが、父の命に従わず、後を継がなかったという伝承を記載する。

吉本道雅は呉の祖先伝承について、以下のように考証している。太伯はもともと虞の始祖であり、その弟の名も仲雍ではなく虞仲であった。その祖先伝承が虞を滅ぼした晋によって保存されることとなった。そして晋が呉との間に通交を開くと、虞の祖先伝承が呉へと伝えられ、「呉」字と「虞」字の通用も相まって、呉の始祖伝承として流用されるようになった。その際に虞仲の名がもともとの呉の祖先であった仲雍に替えられたのではないかと言う。

「呉」字と「虞」字の通用というのは、「虞」字はとらがしらに「呉」と書き、字形の中に「呉」字が含まれている。ともに発音が近く、伝世文献、出土文献の両方で「呉」字を用いて「虞」の意味を表す事例が多数見える。その両字の関係を利用して、呉が虞の祖先伝承を流用したのではないかということである。

それでは、それ以前の呉の祖先伝承はどのようなものであったのだろうか。詳細は省略するが、吉本道雅は、楚の祖先伝承を参照し、自分たちが楚と同祖であると主張していたのではないかと推測している。

おそらく呉は元来、武王と同時代の人であるという周章を始祖としていた。そこへ楚の勢力が自分たちの領域に及ぶようになると、楚と同族であると主張するようになる。そして更に楚と対立し、晋など中原諸国と交流を開始するようになると、虞の祖先伝承を流用して太伯の後裔と主張するようになったと言うのである。

それでは自分たちに都合のいいように政治的に作られた呉の系譜を、他の諸侯国はどのように受け取っていたかというと、それを示すのが『左伝』哀公《あいこう》十三年（前四八二年）に見える黄池《こうち》の会での話である。

この時に五覇のひとりとして知られる呉王夫差《ふさ》が晋と盟主の座を争った。周の武王の子である唐叔虞を始祖とする晋に対し、呉はその武王の祖父王季の兄の太伯と仲雍を始祖とするので、自分たちの始祖の方が晋の始祖より世代が上であると主張して盟主となろうとした。

このように諸侯間の外交の場では、祖先伝承は重要な意味を持っていた。江村知朗によると、呉のように祖先伝承が歴史的な事実ではなく虚構であったとしても、諸侯たちはその虚構性を問題とせず、相互に祖先伝承を承認しあっていたのではないかという。

†中原諸国の事情

自らの祖先を周王室と関係づけることで、呉としては政治的な利益が得られるわけであるが、晋など他の諸侯国はなぜ呉の祖先伝承を受け入れたのだろうか。王明珂はその点について追究している。

王明珂はその鍵となる人物として季札《きさつ》（季子《きし》）を挙げている。季札は呉王寿夢《じゅぼう》の末子で、賢人として知られていた。この季札については『左伝』『公羊伝』や『史記』呉世家などに記載がある。ここでは記述がまとまっている呉世家を中心に見ていくことにする。

さて、寿夢には四人の子がおり、兄たちを差し置いて季札に王位を譲ろうとしたが、季札はこれを拒絶した。仕方がないので寿夢は長子の諸樊《しょはん》を後継とした。

父王の喪が明けると、諸樊は王位を季札に譲ろうとしたが、やはり拒絶され、季札は野に下った。諸樊はそのまま自分が王位に即き、没する際に王位を次弟の余祭《よさい》に譲った。そして余祭の次は三弟の余昧《よまい》（あるいは余眜《よばつ》、夷末《いばつ》、夷眜《いばつ》などとも呼称される）を王位に即かせ、兄弟順に王位を継ぐことで季札に王位が回ってくるようにした。しかし余昧が没しても季札は王位に即こうとはせず、結局余昧の子の僚《りょう》が王位に即くことになった。

いくつか補足しておくと、寿夢以後の呉王の名称や系譜については、呉王僚が『左伝』では余昧の子ではなくその弟とされているなど、『左伝』『公羊伝』と呉世家とで異同がある。また、寿夢は晋との通交が始まった時の君主である。そして呉王僚は諸樊の子の公子《こうし》光《こう》によって殺害される。この公子光というのは、夫差の父にあたる呉王闔閭《こうりょ》（闔廬《こうりょ》）のことである。

それはともかくとして、父親や兄たちが末子、末弟にあたる季札に君主の位を譲ろうとしたという話は、最後に末弟の王季が継ぐというところ以外は、太伯・仲雍（あるいは虞仲）の話と似ていることに気付かれることだろう。

季札は次兄の余祭の時代に中原諸国に使者として派遣され、その賢才が広く知られるようになった。王明珂は、季札が兄に譲るような形で王位継承を拒絶したのは、呉に中原の文化が流入するようになり「華夏《かか》」化が進んだことで、彼が「華夏」の道徳と教養を深く身につけたからであるとする。この「華夏」というのは、あるいは「中国」と言い換えてもいいだろう。

そして「荊蛮」の地の出身ながらも意外に知識人である季札の王位継承に対する態度から、中原諸国の知識人たちは季札に太伯・虞仲の姿を重ね、彼らが自称するように、呉が太伯の後裔であることを認めることとなった。

それには、呉が楚と敵対しているという事情もあった。楚の脅威に悩まされていた中原諸国は、自分たちが周王室の流れを汲《く》むという呉の祖先伝承、すなわち歴史認識を認め、共有することで、呉が自分たちの側に立つ兄弟の国として、周の子孫の保護者となることを期待したのである。

†失われた祖先の後裔たち

呉が太伯の後裔となりおおせたのは、呉と中原諸侯とのいわば「共犯」関係によるものだった。王明珂は中原諸侯の側の心性を更に追究し、文化人類学者オベーセーカラが指摘したキャプテン・クックの事例との類似性を見出している。

クックは十八世紀のイギリスの軍人・探検家で、南太平洋を航海してオーストラリアなどに上陸し、ハワイ諸島を「発見」した人物として知られている。そのクックが一七七九年にハワイ島に上陸した際に、先住民から神として崇められたと言われている。

しかしオベーセーカラは、それは歴史的な事実ではないと否定した。クックがハワイの先住民から神とみなされたというのは、実は西洋の探検家や文化人類学者がクックの死後に生み出した作り話、創《つく》られた神話にすぎないと批判した。当時文化的な偏見を持つ西洋人は、自分たちが「野蛮」な「未開の地」で先住民から神として崇められるという物語を愛好していたというのである。

文明人が「未開の地」で自分たちの同族が神、あるいは酋長として崇められているという神話を愛好する現象は、王明珂は西洋人のみならず人類に普遍的に見られるものであるとしている。そしてこれと似たようなことが春秋時代の中原諸国と呉の間にも発生したのではないかと推測している。

呉の場合は、あるいはクックの事例よりも、プレスター・ジョン伝説の方が近いかもしれない。プレスター・ジョンとは、ヨハネ（英語ではジョン）というキリスト教の司祭で、彼が東方でキリスト教王国を建てたという伝説が中世から近世にかけて西洋で語られた。

西洋の人々はイスラームを奉じる国々との対抗上、同じキリスト教徒の味方を増やそうとし、プレスター・ジョンの王国を求めてアジアやアフリカを探索することとなった。その探索熱は大航海時代の原動力のひとつとなった。アジアでは支配者層にキリスト教徒の有力者が存在したモンゴル、アフリカでは古くからキリスト教が伝来し、信仰されてきたエチオピアが、それぞれプレスター・ジョンの王国に比定されたという。軍事・外交上の事情が深く関係している点が呉国の場合とよく似ている。

それはともかくとして話を戻すと、中原の知識人たちは季札と接することで、荊蛮、すなわち「未開」の南方の呉の地で、自分たちと同じ血を引く者が指導者として崇められているのを見出したのである。これは春秋時代の呉の場合にとどまるものではない。時代や地域を問わず、「華夏」と「蛮夷」とみなされた地域との間で普遍的に見られた現象なのである。

たとえば『史記』によると、呉のライバルの越《えつ》は夏王朝の王の少康《しょうこう》の後裔であるとされた。同じく南方の国である楚の場合は、五帝のひとり顓頊《せんぎょく》の後裔であるとされ、また前文で見たように祖先のひとりに文王の師となったとされる鬻熊がいた。そして始皇帝の出た秦もやはり顓頊の後裔であり、韓・魏とともに晋から分かれ出た趙《ちょう》と祖先を同じくするとされる。

また騎馬遊牧民の勢力で、秦漢王朝と対立した匈奴《きょうど》は夏王朝の後裔であるとされ、朝鮮については、周の武王が殷の紂王の叔父である箕子《きし》を封建したのが国の興りであると位置づけられている。

「華夏」あるいは「中国」の人々は、このようにして「失われた祖先の後裔」を「蛮夷」に見出し、その成果が『史記』などの史書に歴史として記録されることになったのである。これを「歴史」と呼ぶべきなのかという声が上がりそうである。王明珂は無論これを歴史的な事実ではなく、歴史的な記憶であると評価する。そして社会集団の記憶としては、歴史と神話との間に大きな区別はないのだと言う。

第二部
歴史書と歴史観

第三章

歴史書と歴史観の登場――戦国時代

1 説話で語られる歴史

†戦国時代と諸子

本書ではここまで金文を主要な史料として文王の受命、武王の克殷といった個別の事項についての歴史認識を問題にしてきた。これはひとえに文献の不足によるものである。現在の所春秋時代までは書籍に相当するものは発見されていない。

これが戦国時代になると、いよいよ歴史書や思想書、言行録など、書籍と呼べるものが登場し、それらから大局的、通時的な歴史観を探ることが可能となる。

本題に入る前に戦国時代がいつから始まるのかということを簡単に確認しておきたい。というのは、この戦国時代という時代区分がなかなかのくせ者なのである。たとえば後漢から三国時代、南北朝時代から隋のように、統一の時代から分裂の時代、あるいは逆に分裂の時代から統一の時代へと移る場合は、時代の切れ目が何年になるかはそれほど問題がない。

ところが春秋時代から戦国時代のように分裂の時代から分裂の時代へと移る場合は、時代の切れ目となる年を定めるのが難しくなってくる。高校の世界史の教科書などでは、戦国時代は、晋から分かれ出た韓・魏・趙(これを三晋《さんしん》と総称する)が東周王朝によって諸侯として承認された前四〇三年から始まったとされている。一方で日本の中国史学界では、この三晋の躍進のはじまりである晋の知氏《ちし》(智氏)の滅亡の年の前四五三年を戦国時代の開始年とすることが多い。

中国の歴史学界では、五経のひとつである『春秋』の記述が終わるのが前四八一年ないしは前四七九年なので、その年を春秋と戦国の区切りとするなど、春秋と戦国の区切りについて様々な意見が提示されている。これに対して中国の考古学界では、『史記』六国年《りっこくねん》

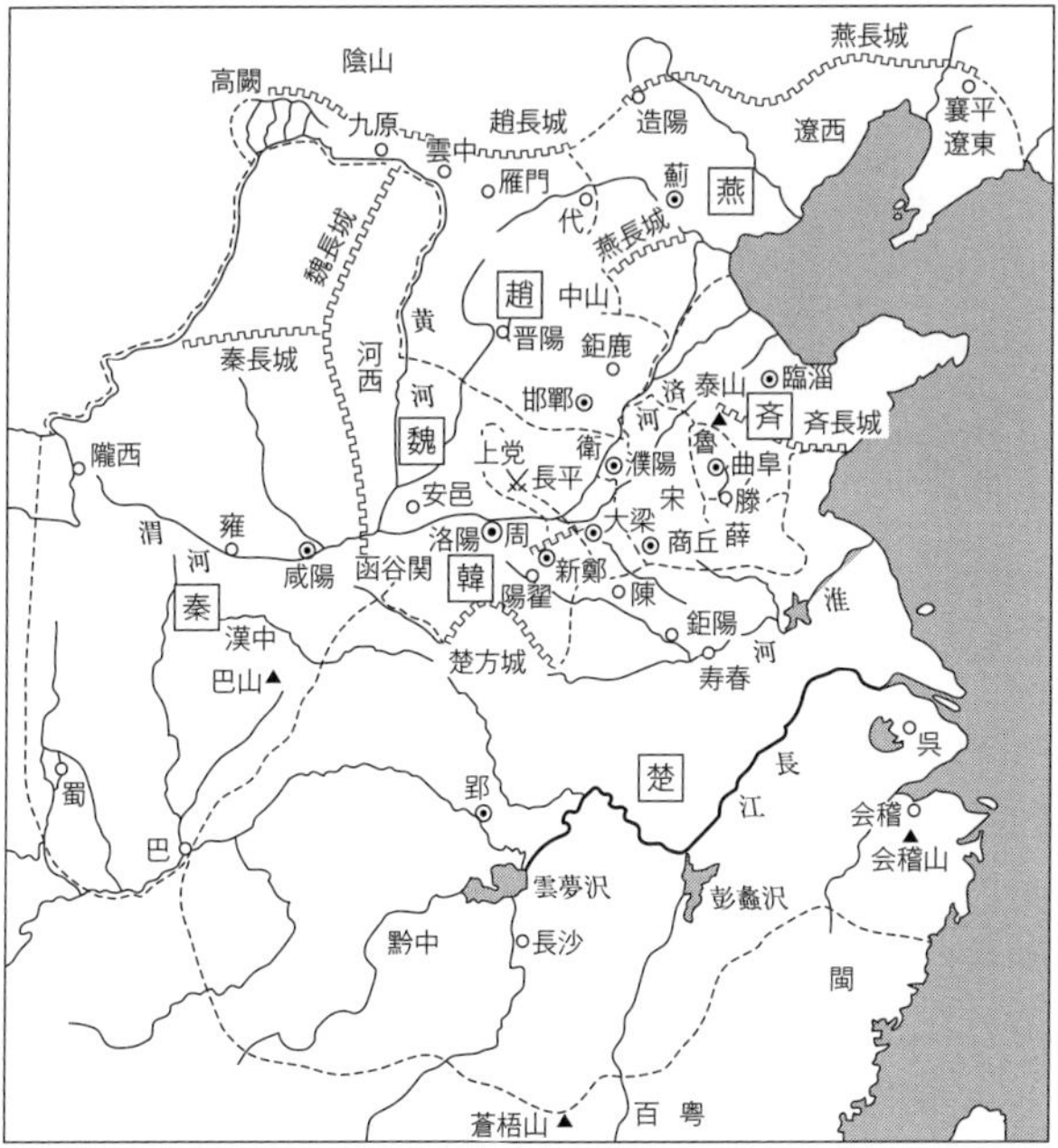

図 3-1　戦国時代の勢力図

表《ぴょう》のはじまりの年である前四七五年を便宜的に戦国時代の開始年としている。六国年表は、戦国の七雄および東周王朝の君主の在位年に基づく年表である。

春秋時代を特徴づけるもののひとつに、東周王朝を奉じて諸侯のリーダーとなる覇者の存在が挙げられる。しかし三晋が諸侯として認められた後も、吉本道雅が指摘するように、前三七〇年ごろまでは、覇者の存在を前提とする「覇者体制」が維持されていた。この時期に覇者となったのは魏である。

その魏が覇権を失った後も、東周王朝は、商鞅《しょうおう》の変法《へんぽう》（改革）などにより「富国強兵」を進める秦と接触して、覇者体制の再建を図ったようである。最終的に覇者の存在が見られなくなるのは前四世紀の末ごろのことである。戦国時代とは言っても、このころまでは春秋時代との連続性が強く見られるのである。

そして覇者体制が放棄され、諸侯たちが王号を称して周王朝の権威が否定されるようになると、各国では覇者体制にかわる国家や国際秩序のあり方を模索するようになる。孟子《もうし》や荀子《じゅんし》、韓非《かんぴ》、張儀《ちょうぎ》、蘇秦《そしん》といった遊説家《ゆうぜいか》、いわゆる諸子百家が活躍するのもこのころからである。

以上のような吉本道雅の議論を土台にして、筆者は前著『戦争の中国古代史』において、西周の滅亡の翌年の前七七〇年から、覇者が最終的に存在しなくなる前四世紀末までの四百数十年間を「長い春秋時代」、それ以後秦が他の六国を滅ぼし、「中国」を統一する前二二一年までのおよそ百年間を「短い戦国時代」と位置づけた。

本章で問題にするのは、主にこの「短い戦国時代」である。この時期には諸子百家の書とともに歴史書も登場することになる。まずは歴史書から見ていくことにしよう。

†『春秋』について

東周時代の最も著名な歴史書といえば『春秋』である。『春秋』とは、現在の山東省に位置した諸侯国の魯《ろ》の年代記である。隠公《いんこう》元年（前七二二年）から始まって桓公《かんこう》・荘公《そうこう》・閔公《びんこう》・僖公《きこう》・文公《ぶんこう》・宣公《せんこう》・成公《せいこう》・襄公《じょうこう》・昭公《しょうこう》・定公《ていこう》を経て、哀公《あいこう》十四年（前四八一年）までの二四一年間にわたって、一年ごとに主要な出来事を短文で記録している。

ただ、現在残されている漢籍には『春秋』が単独でまとめられているものは存在しない。必ず経《けい》が伝《でん》（注釈）とセットの形になっている。「経」というのは、ここでは『春秋』の年ごとの条文を指す。『春秋』は儒家の経書《けいしょ》、すなわち経典《けいてん》のひとつとされており、『周易《しゅうえき》』（『易経』）『尚書《しょうしょ》』（『書経』）『詩経』『礼記』とともに五経《ごきょう》に数えられているので、『春秋』の文についてもこのように呼称するのである。

『春秋』の伝は複数存在する。現存の伝としては『春秋左氏伝《さしでん》』『春秋公羊伝《くようでん》』『春秋穀《こく》梁伝《りょうでん》』の三種があり、それぞれ『左伝《さでん》』『公羊伝』『穀梁伝』と略称される。これらの書名は、それぞれの伝を著述、あるいは語り伝えた左丘明《さきゅうめい》、公羊高《くようこう》、穀梁赤《こくりょうせき》にちなんだものとされてきた。

このうち『左伝』は、該当の事件に関連する説話を挿入することで『春秋』を解説・補足するというスタイルの注釈書である。これに対して『公羊伝』と『穀梁伝』は、『春秋』の各経文《けいぶん》（条文）の鍵となる字句に込められた意味を説き、それによってその経文全体の意味を解説する。『左伝』と比べて注釈書としてはオーソドックスなスタイルである。

この三つの伝に附載されている『春秋』はそれぞれ文字の相違などの異同がある。もっとも大きな違いは、『左伝』に附載されている『春秋』が、『公羊伝』『穀梁伝』より二年増えて哀公十六年（前四七九年）までとなっている点である。

『春秋』のサンプルとして最初の隠公元年の経文を挙げてみよう。

（魯の隠公）元年春、周暦の正月。
〈元年春、王の正月。〉
三月、我が君が邾《ちゅ》の（君主の）儀父《ぎほ》と蔑《べつ》の地で盟約を結んだ。
〈三月、公、邾の儀父と蔑に盟《めい》す。〉
夏五月、鄭《てい》の荘公《そうこう》が共叔段《きょうしゅくだん》に鄢《えん》の地で勝利した。
〈夏五月、鄭伯、段に鄢に克《か》つ。〉
秋七月、周の平王《へいおう》が宰咺《さいけん》に恵公《けいこう》・仲子《ちゅうし》夫妻の葬儀の贈り物を届けさせた。
〈秋七月、天王《てんおう》、宰咺をして来《きた》りて恵公・仲子の賵《ぼう》を帰《おく》らしむ。〉

九月、宋《そう》と宿《しゅく》の地で盟約を結んだ。
〈九月、宋人《ひと》と宿に盟す。〉
冬十二月、祭伯《さいはく》が（我が国に）到来した。
〈冬十二月、祭伯来《きた》る。〉
公子益師《こうしえきし》が亡くなった。
〈公子益師卒《しゅつ》す。〉

隠公二年以降もこのような形式で条文が続く。

なお、東周時代には『春秋』と同様の形式の年代記として魏の『竹書紀年』なども存在したが、これについては次節で触れることにしたい。そして本節ではまず『左伝』のように説話の挿入によって説明する形式の歴史書について見ていくことにする。字句に込められた意味によって解説する形式の『公羊伝』『穀梁伝』については、次節で見ていくことにしたい。

†『左伝』は『春秋』の伝か？

『左伝』は当初『左氏春秋』と呼ばれていたようである。成書年代については諸説ある。

左丘明の著述というのが正しければ、彼は『論語』にその名前が見えるので、春秋時代ということになるだろうが、現在その説は信じられていない。

前漢末に劉歆《りゅうきん》という学者が宮中に秘蔵されていた書籍の中から発見したという経緯から、清末以来中国と日本でそれぞれ劉歆による偽作であるという説が通行した。日本では『古事記』『日本書紀』の研究で知られる津田左右吉が偽作説を採った。しかしこれも現在は信じる人が少ない。現在では戦国時代、前四世紀ごろに成書されたと見るのが一般的である。

ただ、当初から『春秋』の伝として編纂されたかどうかについては疑問視する声が強い。『左伝』は『春秋』のすべての経文に対して伝が付けられているわけではなく、それとは逆に対応する経文がない伝も多く存在することや、魯だけでなく晋や楚など様々な国の説話を含んでおり、それがかなりの割合を占めているなど、『春秋』の伝としては不審な点が多い。

そうした点をふまえて、『左伝』は偽作とは言えないまでも、もともと『春秋』とは無関係の説話集であったものを、後に『春秋』の伝として、各説話を魯の年代に合わせて配列しなおし、余った説話も経文に対応しない伝として残すといったような形で編集したのではないかなどと、『左伝』の成り立ちについては様々なことが言われている。この『左伝』のもととなった文献の存在を想定する研究者は多く、これを「原左伝」などと称している。

同様に本当の撰者についても様々な説がある。日本で比較的多く参照されているのは、鎌田正『左伝の成立と其の展開』の、孔子の弟子で魏の文侯《ぶんこう》に仕えた子夏《しか》の学統に属する魏の史官左氏某であるという説である。また平勢隆郎は、『春秋』や『左伝』から見出せる正統観に着目し、それらの書を一種の「予言書」と位置づける独自の手法により、『左伝』は韓の宮廷で編纂されたとしているが、この説にはその手法ともども批判が多い。

†重層的に形成された『左伝』

実のところ、左丘明にせよ魏の史官にせよ、『左伝』がひとりの撰者の手になったものであるということも疑問視されている。それを実証したのが小倉芳彦である。彼は一九六〇年以後に発表した「『左伝』における覇と徳」など、主著『中国古代政治思想研究』に収録されている一連の論文によって『左伝』の史料批判に取り組んだ。その研究によると、『左伝』の記述は以下の三種に分類することが可能であるという。

［Ｉ］春秋時代に関する史伝を比較的忠実に語っている部分。

分。

［Ⅱ］事件に登場する人物の発言の形式で、史伝に思想的な解説を加えた部分。

［Ⅲ］以上の内容を踏まえて、それを『春秋』経文に結びつけて批評したり、「君子」や「仲尼《ちゅうじ》（孔子の字《あざな》）」など第三者となる賢人の発言という形で批評を書き加えたりした部分。

この分類を隠公元年（前七二二年）の経文「夏五月、鄭伯、段に鄢に克つ」に対する伝にあてはめてみることにする。その前にこの伝文の内容をかいつまんで説明しておくと、以下のようになる。

鄭の荘公は出生時に逆子《さかご》で生まれたために母の武姜《ぶきょう》に憎まれ、逆に同母弟の共叔段が彼女にかわいがられた。荘公が即位すると、武姜が共叔段のために領地となる邑《ゆう》を請い、共叔段は規模の大きな京《けい》の地を与えられた。

荘公は事が起こる前に共叔段への対処を迫る臣下の諫言を聞き入れず、調子に乗った共叔段が周辺の邑を服属させていく。共叔段は更に国都の襲撃を企てる。そこでようやく荘公が出兵を命じ、京邑を伐つ。京邑は共叔段に背き、彼は鄢の地に立て籠もるも荘公に敗れ、出奔《しゅっぽん》することとなった。

荘公が共叔段の謀反に加担しようとした母武姜を幽閉し、「黄泉《こうせん》に行くまでは二度と会わない」と誓いを立てたが後悔した。そこで臣下の穎考叔《えいこうしゅく》が、地下水の湧くところまで地下道を掘ってそこで会えば誓いを破ったことにならないと入れ知恵したことにより、二人は再会を果たして仲直りをした。

この伝の前半部分の内容、すなわち武姜が共叔段のために邑を請うてから共叔段が出奔するまでの話を箇条書きにして、上記の［Ⅰ］［Ⅱ］［Ⅲ］にあてはめてみると、次のようになる。

（A）武姜が共叔段のために制邑《せい》を与えるよう鄭の荘公に請うたが許されず、かわりに百雉《ひゃくち》以上の城壁を構える京邑が与えられた。……［Ⅰ］

（B）臣下がこれを諫めるが、荘公は「不義を重ねれば自滅する。しばらく待て」と聞き入れない。……［Ⅱ］

（C）共叔段が鄭の西部・北部の邑を服属させた。……［Ⅰ］

（D）別の臣下が荘公を諫めるが、聞き入れない。……［Ⅱ］

（E）共叔段が更に服属する邑を増やし、廩延《りんえん》の地に至った。……［Ⅰ］

（F）（D）で諫言を行った臣下が再び荘公を諫めるが、やはり聞き入れない。……［Ⅱ］

（G）共叔段が準備万端の状態で鄭の国都を襲撃しようとし、武姜がこれに内応しようとした。そこで荘公がようやく臣下に出兵を命じ、京邑を伐たせた。京邑が主の共叔段に背き、彼は鄢の地に逃れたが、荘公側に攻められて敗北し、共の地に出奔した。……［Ⅰ］

（H）経文の「鄭伯、段に鄢に克つ」についての解説。……［Ⅲ］

このうち［Ⅰ］に分類される部分からは、ひとまず春秋時代の歴史的事実の展開を読み取ることができる。［Ⅱ］と［Ⅲ］は、その歴史的事実に対する、『左伝』が編纂された時期の認識や解釈を示した部分である。［Ⅰ］とは同列の材料として扱えないが、思想史や歴史認識の材料にはなる。小倉芳彦は、これらは［Ⅰ］→［Ⅱ］→［Ⅲ］の順番で著述されたと想定する。つまり『左伝』の記述は重層的な構造になっているというのである。

†『春秋』に対する批評

［Ⅰ］［Ⅱ］［Ⅲ］の中で、［Ⅲ］の部分がイメージしづらいかもしれないので、ここだけ全文を抜き出しておく。

（経文に）「鄭伯、段に鄢に克つ」と書いているのは、共叔段が弟としての態度を採らなかったからである。だから（経文に）「弟」と記していないのである。（この戦いは）国君同士の戦いのようであったので、（経文に）「克つ」と記しているのである。（経文に）「鄭伯」とだけ記しているのは、（兄としての）指導をしなかったのを非難しているのである（だから経文に「兄」と記さなかったのである）。このような書法を鄭志《ていし》と言う。（経文に）「出奔」と記していないのは、これ（荘公にも責任があること）を憚《はばか》ったのである。

〈書して「鄭伯、段に鄢に克つ」と曰うは、段、弟《てい》せざればなり、故に弟と言わず。二君の如《ごと》し、故《ゆえ》に克と曰う。鄭伯と称するは、教《きょう》を失うを譏《そし》るなり。之《これ》を鄭志と謂《い》う。出奔と言わざるは、之を難《なん》ずるなり。〉

このように経文の一字一句の書法を問題にする批評の仕方は、次節で扱う『公羊伝』『穀梁伝』の伝としての形式と通じるものである。

［Ⅲ］に該当する部分としてもう一例挙げておくと、荘公が武姜と仲直りをした話のあとに「君子」の言葉として、荘公に上記のような提案をした穎考叔の孝の厚さを、『詩経』の既酔《きすい》を引いて褒《ほ》め称《たた》えるコメントを掲載している。『左伝』に見える経文の批評としては、どちらかと言うとこのような形式が一般的である。また、賢人が人物の態度などから

判断して、戦争などの事件の結果を予言することもまま見られる。

ともかく小倉芳彦は、この三つが「Ⅰ」→「Ⅱ」→「Ⅲ」の順番で重層的な形で付加されたのではないかと考えた。小倉芳彦の一連の研究は半世紀以上前のものであるが、この「腑分け」のような作業が『左伝』研究の土台となっている。

賢婦人としての武姜

小倉芳彦は「Ⅰ」→「Ⅱ」→「Ⅲ」の形成が『左伝』編纂の段階で行われたと考えているようだ。しかし実際のところは多くの場合、『左伝』編纂の段階で既に説話となっていたものが史料として取り入れられたのではないかと思われる。仮にそうであるとすれば、小倉芳彦の想定する「Ⅰ」に対する「Ⅱ」あるいは「Ⅲ」の付加は、『左伝』編纂時ではなく、それ以前の個別の説話が形成される段階でなされたことになるだろう。

『左伝』が個別の説話を取捨選択して取り入れたことを示唆する材料がいくつか存在する。ここでは二つ例を挙げてみることにしたい。

ひとつ目は荘公・共叔段兄弟の母の武姜に関するものである。隠公元年の記事では、武姜は兄の荘公を疎《うと》んじ、弟の共叔段をかわいがったことになっている。また、共叔段のために邑を与えるよう荘公に要求した、言い換えれば鄭国の政治に介入したとされている。

しかしそれらに反するような設定の説話も存在する。それが清華簡《せいかかん》の『鄭武夫人規孺《ていぶふじんきじゅ》子《し》』〈鄭の武夫人、孺子を規す〉である（図3－2）。清華簡というのは、二〇〇八年に北京の清華大学に寄贈された戦国時代の竹簡である。前章までに同じく清華簡の『繫年《けいねん》』や『楚居《そきょ》』について言及したが、これらの竹簡はいずれも同じ墓地から出土したと見られている。出土地は不明であるが、戦国時代に楚国の存在した地域であるとされている。

近年戦国時代や秦漢時代の簡牘《かんとく》（竹簡と木簡）が陸続と発見・公表されている。そして特に戦国竹簡には単篇の説話が多く含まれている。

それでは『鄭武夫人規孺子』がどのような話かというと、春秋時代初期の鄭の第二代武《ぶ》公《こう》が死去して葬儀を行う際の、武姜が荘公に与えた訓戒《くんかい》や、群臣の代表の辺父《へんぽ》という人物と荘公との対話を中心とした説話である。この篇では武姜は「武夫人」と表記され、荘公は「孺子」、すなわち幼な子、若年の者とされ、母からもそう呼びかけられている。

その武姜の訓戒の中に、国の政治には直接関わらず、大夫《たいふ》（臣下）に委ねるようにという旨の戒めに続けて、「老婦《ろうふ》たる私もやはり兄弟姻戚といった近親者としての言葉によっ

図3-2『鄭武夫人規孺子』第一簡

て大夫たちの政治を乱さないようしましょう」〈老婦も亦《ま》た敢《あ》えて兄弟婚姻《けいていこんいん》の言《げん》を以《もっ》て大夫の政を乱さざらん〉という誓いを述べている。

これはまさに「兄弟婚姻の言」によって共叔段に邑を求めた『左伝』の武姜とは異なる、賢夫人としての言葉である。荘公との関係も特に険悪そうな雰囲気は見られず、共叔段のことも言及されない。この『鄭武夫人規孺子』の存在によって、『左伝』が武姜に関する説話のうち、自らの構想に合うものを取捨選択していることが示唆されるわけである。この種の取捨選択は、あとの時代の『史記』でも行われている。

なお、『鄭武夫人規孺子』のように単篇で通行していた説話類は当時「語《ご》」と呼ばれていたようである。この種の「語」をまとめた東周時代の説話集に、周、魯、斉、晋など国ごとに説話を集め、それぞれ年代順に配列した『国語《こくご》』がある。撰者は『左伝』と同じく左丘明とされてきた。

†城濮の戦いに備えて

『左伝』が個別の説話を取り入れているということについて、もう少し直接的な証拠を探ってみよう。ここで取り上げるのは、第一章の第三節で触れた城濮《じょうぼく》の戦いに関する説話である。城濮の戦いは、東周王朝を奉じる晋と南方の楚との間の戦いであり、この戦いでの勝利によって晋の文公が覇者に任じられたということであった。
上博簡《じょうはくかん》（上海博物館蔵戦国楚竹書《しゃんはいはくぶつかんぞうせんごくそちくしょ》）の『成王為城濮之《せいおういじょうぼくし》行《こう》』〈成王、城濮の行を為す〉は、戦いに先だって楚が軍事演習を行った際の説話である。篇題の「成王」とは当時の楚の君主である成王を指す。この文献は甲本と乙本が存在し、それぞれに欠落がある。そこで両本の竹簡を組み合わせる形で全容の復元が図られている。概要は次の通りである。

楚の成王が戦場となる城濮の地を視察し、重臣の子文《しぶん》（闘穀於菟《とうこくおと》）と子玉《しぎょく》（成得臣《せいとくしん》）にそれぞれ軍事演習を行わせることにした。子文は演習を一日で終え、ひとりも処罰しなかった。一方、子玉は演習に三日かかり、三人を斬刑に処した。

成王は都に戻ると国を挙げて演習の成功を祝うことにし、子文のもとを訪れて酒宴が行われた。酒宴に遅れて駆けつけた蔿伯嬴《いはくえい》（蔿賈《いか》）に対して、「王は自分の賓客となって祝ってくれたが、あなたが私に食べ物を持って来なかったのはどういうことだろうか」と疑問を投げかける。

これに対して蔿伯嬴が返答しているが、ここからは竹簡に欠落が多く、詳細がよくわからない。「子玉の軍隊は既に敗北が決まった軍隊である」〈子玉の師《し》、既に敗《やぶ》るるの師なり〉とか、「あなたは楚国の元老であるのに、ご自分の演習の成功を喜ぶばかりで〈子玉を〉誅殺なさらない」〈君、楚邦《そほう》の老《ろう》と為《な》るも、君の善を喜《よろこ》びて誅《ちゅう》せず〉といった文言が見られるところからすると、蔿伯嬴は子文と子玉を責めているようである。

†『左伝』に見える説話との比較

これとよく似た説話が『左伝』にも見える。僖公二十七年（前六三三年）の部分である。ここでは以下のような話となっている。すなわち、成王が宋を包囲しようとして、まず子文に軍事演習をさせた。子文は朝食までに演習を終え、ひとりも処罰しなかった。ついで子玉にも演習を行わせたところ、一日がかりで演習を終え、処罰として七人に鞭打ちし、三人の耳に矢を貫通させた。

元老たちが子文を祝福して酒宴でもてなしたところ、蔿賈が遅れて到着し、祝福しなかった。子文が訳を聞くと、「何を祝うというのか？　宰相であるあなたは子玉に国政を譲るつもりだが、国内が安定しても国外で失敗すれば、どうしようもない。推挙《すいきょ》の結果、我が国が敗北したら、とてもお祝いなんてできない。子玉の強気で無礼な性格では、とても兵士をまとめきれない。大軍を率いたら無事に戻ることは難しいでしょう」という旨の返答したという展開である。

実際翌年の城濮の戦いでは、子玉は晋軍に大敗し、敗戦の責任を取るために死ぬこととなるのである。

『成王為城濮之行』と『左伝』は、子文と子玉が軍事演習を行ったこと、子文を祝福して酒宴が行われたこと、蔿伯嬴（蔿賈）が遅れてやって来て子文に苦言を呈したことといった、全体の構成は共通している。

一方で両者には異同もある。一番の相違点は演習を行った時期の違いである。『成王為城濮之行』では楚の成王が城濮を視察した際のこととしているが、『左伝』では城濮の戦いの前年に宋を包囲する際のこととなっている。ただ、城濮の戦いはこの時に楚が宋を包囲し、宋が晋に救援を求めたことがきっかけとなっているので、両者とも城濮の戦いに関連するものということにはなる。

その他、子文と子玉が演習に要した時間や子玉の処罰した人数と処罰の方式なども、『成王為城濮之行』では子玉が演習に三日を要して三人を処罰したのに対し、『左伝』では一日がかりで演習を終え、七人に鞭打ちして三人の耳に矢を貫通させたとあるなど、細々とした異同が複数見られる。

最後の蔿伯嬴（蔿賈）が子文にかけた言葉も異同がありそうだが、『成王為城濮之行』は竹簡に欠落が多いのでよくわからない（図3－3に一部が欠落した竹簡を挙げた）。ただ、『左伝』と同様に苦言となっているようである。

ともかく『成王為城濮之行』の出現により、『左伝』僖公二十七年が独自に説話をこし

図3-3 『成王為城濮之行』乙本第三簡

らえたわけではなく、『成王為城濮之行』に手を加えて取り入れたか、あるいは城濮の戦いの際ではなく宋を包囲する際という設定の、この篇と似たり寄ったりの内容の説話を取り入れたことが示唆されるわけである。無論そのような操作がなされたのは僖公二十七年の部分だけではないだろう。

ただ、両者の著述目的は異なっていたようである。草野友子は、『左伝』に見える説話は軍事を含みつつも、より広い視点で国政や人材登用のあり方、後継者選択について述べているると評価する。一方『成王為城濮之行』は、一貫して軍事演習が話の中心となっているとする。これはこの篇を著述した楚人が、城濮の戦いでの敗戦の原因や背景を追究した結果、この時の軍事演習こそが敗北の直接のきっかけになったと見なしていたからではないかと指摘する。

『成王為城濮之行』では決め手となる蔿伯嬴の発言に欠落が多いので、本当にそうなのかという疑問もあるが、同様の説話でも書籍が異なればその著述目的が異なること、あるいは著述目的に沿って改変がなされることは大いにあり得る。

†改変される説話

このような単独の説話を取り入れるという歴史叙述の手法は『史記』にも見られる。ひとつだけ事例を挙げておこう。その事例というのは、第一章第三節で触れた、『史記』周本紀に見える西周の幽王《ゆうおう》の烽火《のろし》の話である。

説話の内容については前文で触れたとおりであるが、ここで改めてもう少し詳しく説明しておくことにする。

幽王は褒姒《ほうじ》を寵愛していたが、彼女はなかなか笑わなかった。周では有事に備えて諸侯への合図のために烽火の設備と太鼓を備えていた。ある時たわむれに有事でもないのに烽火を揚げて諸侯を招集したところ、その様子を目にした彼女が初めて笑った。その後何度も烽火を揚げて諸侯を笑い物にしたので、招集されても駆けつける者がだんだん少なくなった。そしていざ本当に敵が攻めてきて烽火を揚げても誰ひとり救援に来ず、幽王は都の宗周からほど近い驪山《りざん》の麓《ふもと》で敗死することになったという話である。

実はこれと同じような話が『呂氏春秋《りょししゅんじゅう》』慎行論《しんこうろん》の疑似《ぎじ》篇にも見える。こちらでは合図として烽火を揚げるのではなく太鼓を打つことになっている。そして最後に「幽王の身は驪山の麓で死に、天下の笑い物になった」〈幽王の身は乃《すなわ》ち麗《り》山《ざん》の下《もと》に死し、天下の笑いと為《な》る〉という言葉で締められている。一種の教訓話になっているのである。

この説話の存在により、周本紀に見える説話が司馬遷の創作ではないということがわかるのである。ただ、烽火を揚げるのが太鼓を打つことになっていたりと細部に違いがあるので、直接『呂氏春秋』に見えるものを取り入れて手を入れたのではなく、別に出典があるのかもしれない。

更に『韓非子《かんぴし》』外儲説左上篇《がいちよぜいさじようへん》にも類話が二篇見える。ひとつは楚の厲王《れいおう》の話である。やはり有事が起これば太鼓を打つことになっていたが、ある時酒に酔って誤って太鼓を打った。騒ぎになると、厲王は集まった人々に事情を説明して引き下がらせた。その後数ヶ月して有事が発生したので太鼓を打たせたが、駆けつける者はいなかった。そこで改めて命令を繰り返すと、人々はようやく信用するようになった。

いまひとつは、魏に仕え、法家の思想家とされる李悝《りかい》の話である。李悝は左右の軍門の兵士に「しっかり警備せよ。敵は今夜か明朝にでも攻めてくるだろうからな」と警告した。こういうことが三度と続いたが、一向に敵がやって来る様子がない。兵士たちは気が緩み、李悝の言葉を信用しなくなった。それから数ヶ月して本当に秦国の兵が攻めて来ると、全滅の危機に陥った。

この二つは上の者の言葉を下々が信じないという「不信」を示す教訓話として引かれている。幽王の話と合わせると、これらの説話は、上の者がたわむれに指令を出したか否か、そして最後に下々が指令を信用したか否かという点に違いがあるが、何もないのに何度も指令を出したことで下々がそれを信じなくなるという点では筋立てが共通している。

このように説話というのは、同じテーマの話の登場人物を入れ換えたり細節を変えたりして伝えられていくものなのである。漢籍をひもとくと、そうした例が数多く見られるのに気付くだろう。実は始皇帝に関する説話についてもこうした現象が見られるのだが、これは後文で触れることにしよう。

そして当然そうした説話の細節まで逐一歴史的事実を反映していると見る必要はない。史実が盛り込まれているとすれば、小倉芳彦の言う史伝を比較的忠実に語っている部分ということになる。しかし本節で取り上げた子文と子玉の軍事演習の話や幽王の話などのように特定のパターンに当てはめただけの説話の場合は、それはごくごく限られた部分ということになるだろう。

†美女の運命

戦国時代に編纂された説話を主体とする歴史書として、『左伝』以外に清華簡『繫年』

がある。前文で取り上げた『鄭武夫人規孺子』と同じく、『繫年』も清華大学に寄贈された戦国時代の竹簡に含まれていた文献である。

扱われる時代は西周から戦国時代の初期と幅広い。説話が年代順に配列されており、全部で二十三章に分けられる。成立年代は、最後の第二十三章で楚の悼哲王《とうてつおう》（伝世文献の悼《とう》王《おう》）の号が見えることから、悼王の次の粛王《しゅくおう》か更にその次の宣王《せんおう》の時代と推測されている。清華簡自体の年代はＡＭＳ炭素十四年代測定によって前三〇五±三〇年と計測されている。

歴史書としての性質や編纂目的については様々な議論がある。これについては先に『繫年』の中身を見てもらい、関係の深い『左伝』と比較した方が説明しやすいので、まずはサンプルとして第五章の概要を見てみることにしよう。

第五章は息嬀《そくぎ》という女性をめぐる話である。蔡《さい》の哀侯《あいこう》が陳《ちん》国から妻を娶り、息侯も同様に陳国から妻を迎えることになった（各国の位置関係については図3－4を参照）。息侯が結婚しようとしたのが息嬀である。さて息嬀が息に嫁入りするために蔡国を通過した。ところが哀侯が横恋慕《よこれんぼ》する。同族のよしみだからと（蔡と息はともに周王室の流れを汲むとされる）、彼女を国内に足止めして結婚しようとした。

それを聞いた息侯は哀侯の要求を拒絶する。ついで楚の文王に使者を送り、自国に攻め入るよう頼んだ。楚が攻めてきたということで蔡に救援を求めるので、その隙に楚が蔡に攻め込めばいいという算段である。

　事前の計画通りに楚が息に攻め込んで息が蔡に救援を求め、楚が首尾良く哀侯を生け捕りにした。そして文王が息でもてなされることになり、哀侯も帯同した。哀侯は酒宴の場で息侯が自分を陥れたことを知ると、文王に「息侯の妻は大変な美人です。彼女と会わせるよう息侯に命じるべきです」と告げた。文王は息嬀と会わせるよう命じた。息侯は断ったが、強く命じられ、会わせざるを得なくなった。

　その場は息嬀の顔を見ただけで帰国したが、翌年文王は息を攻めて息侯を殺し、彼女を奪って帰国した。文王の妻となった彼女は堵《と》敖《ごう》と成王を生んだ。

　文王はそして北方を開拓し、方《ほう》

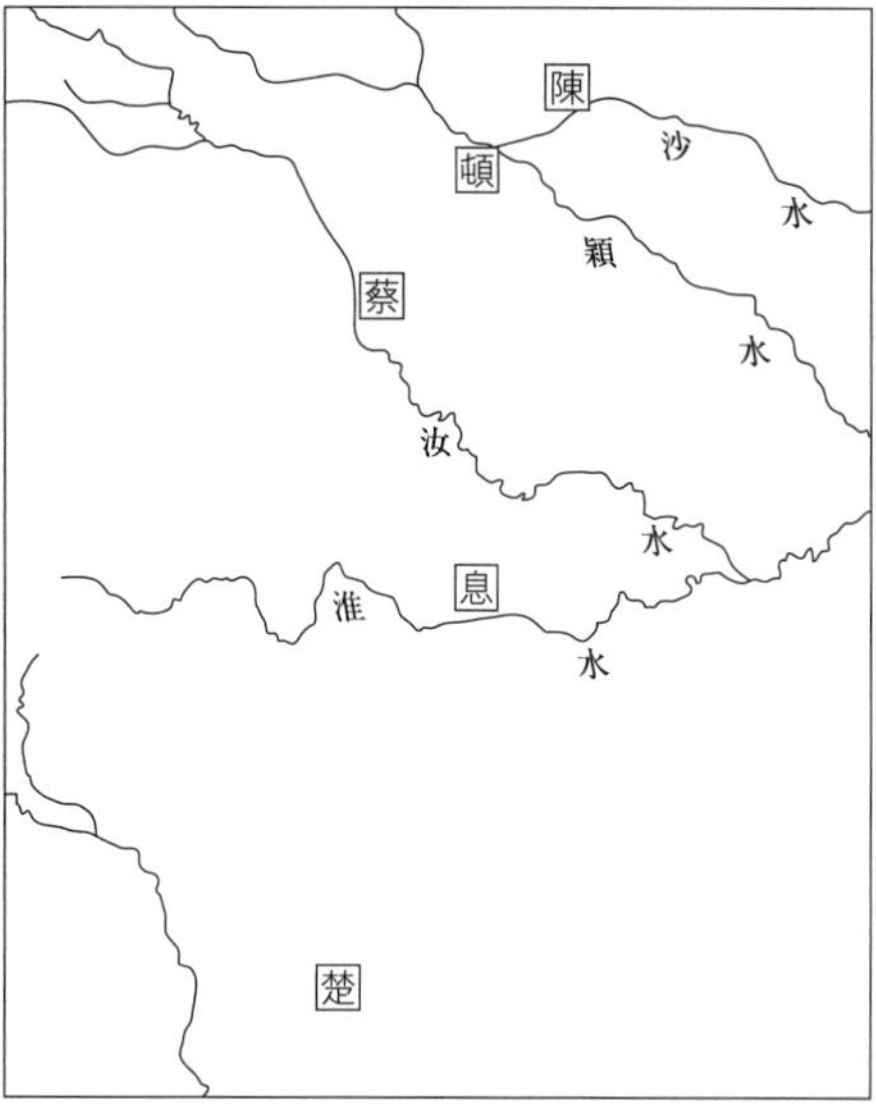

図3-4　息嬀説話関係地図

城《じょう》を出て汝水《じょすい》一帯で領土を広げ、改めて陳国で布陣し、頓《とん》国を占領して陳侯を恐れさせた。

以上が第五章の内容となる。末尾の文王が北方を開拓云々の話が息嬀をめぐる話とどうつながるのかわかりにくい。おそらくは彼女がきっかけとなって息が楚に滅ぼされ、更にそれによって楚の北進が始まったと言いたいのであろう。また、楚の北進を脅威ととらえた陳国は息嬀の実家であるので、その点で息嬀と関係があると言えなくもない。このように『繫年』では、説話が特定の歴史事象を説明するための、いわば「枕話」として使われる傾向がある。

†沈黙する息嬀

息嬀をめぐる話は『左伝』や『呂氏春秋』『史記』などにも見える。ここでは『繫年』の性質を理解するために、主に『左伝』に見える説話と比較してみることにしたい。

『左伝』では該当の説話が荘公十年（前六八四年）と荘公十四年（前六八〇年）とに跨がって見える。大筋は『繫年』に見えるものと同じなのであるが、二、三の相違点がある。特に大きな違いが見られるのは、荘公十四年の部分である。十四年の話は蔡の哀侯が報復のために、楚の文王に息嬀が美女であると告げるところから始まる。

それでやはり文王が息を滅ぼして息嬀を妻とし、堵敖と成王を生むのだが、一向に夫と口を利こうとしない。文王が理由を尋ねると初めて口を開き、「私は一婦人でありながら二人の夫に使えました。たとえ死ぬことができなかったとしても、どうして口が利けましょうか」〈吾《わ》れ、一婦人にして二夫に事《つか》う。縦《たと》い死すること能《あた》わざるも、其れ又た奚《なん》ぞ言《ものい》わん〉と発言した。そこで文王はようやく哀侯に図られたことに気づき、蔡を征伐した。そして最後に「君子」の言として、『尚書』盤庚《ばんこう》篇を引きつつ哀侯は滅ぼされて当然であると批判を加えている。

『繫年』との異同としては、『繫年』では言及されていなかった楚の蔡に対する征伐について触れているなど細かい違いもあるが、最も大きな違いは、息嬀が文王の妻となったあと口を利かなかったという話が見えることである。平林美理が指摘するように、この段の存在により、息嬀は息侯のために貞節を守ろうとした「貞女」であることが印象づけられ、伝統的にそのように理解されてきた。

なお、『左伝』にはこの話の後日談が荘公二十八年（前六六六年）に見える。文王の没後にその弟である子元《しげん》が息嬀を誘惑しようとして彼女が批判したという話である。ここでは文王の未亡人として貞節を守ったことになる。

息嬀に関する説話の比較を通して、『左伝』と比べて『繫年』は文学性に乏しいと言えそうである。『史記』とともに、『左伝』の魅力はその文学性にあると昔から指摘されてきた。劉歆による「発見」以来『左伝』が現代まで伝わり、『繫年』が後世に伝わらなかった理由の一端はそこにあるのかもしれない。後文で扱う「焚書」の問題があるにせよ、後世に残らなかったのには残らないだけの理由があるものなのである。

一方でこのことは、『繫年』が人物の台詞が少ないことと合わせて、『左伝』のダイジェストのような文献であることも示している。『繫年』は全二十三章のうちの大半、第二章の後半と、第四章の後半から第二十章の前半までが『左伝』のダイジェスト的な内容である。

†紀事本末体

また、第五章では『左伝』の荘公十年と十四年に分かれて配列されている息嬀の話をひとまとめにしていたが、これはほかの章でも同様である。ここに注目して、許兆昌ら複数の研究者が、『繫年』は紀事本末体《きじほんまつたい》の書であると指摘している。

紀事本末体とは、編年体《へんねんたい》、紀伝体《きでんたい》とともに中国の伝統的な歴史書の形式のひとつである。編年体は、『春秋』や『左伝』、北宋時代（九六〇年〜一一二七年）に司馬光《しばこう》によって編纂された『資治通鑑《しじつがん》』のように、事件を年代順に並べた年代記を指す。紀伝体は中国の正史で採用されている形式で、本紀すなわち王朝・帝王の年代記と、列伝すなわち人物伝を中心とする。『史記』がその始まりである。

ただこの二つの形式だと、事件の推移がわかりづらくなってしまうことが多い。たとえば二年以上に跨がる事件の場合、編年体の史書だと、『左伝』で息嫣の話が荘公十年のあとは荘公十四年まで飛んでしまうように、事件の推移に従って続きは翌年以降の条に分散されてしまう。また紀伝体の場合は、同じ事件に関する記述が、本紀と事件に関わった人物の列伝、更には事件に関わった別の人物の列伝といった具合に、あちこちに分散してしまって全容が把握しづらくなってしまう。

この二つに対して、紀事本末体は息嫣をめぐる話をひとまとめにした『繫年』第五章のように、事件ごとにその顚末《てんまつ》をまとめた形式である。従来は『資治通鑑』を改編した南宋時代（一一二七年〜一二七九年）の『通鑑紀事本末《つがんきじほんまつ》』がそのはじまりであると見なされていた。『繫年』の発見により、そのはじまりが紀元前まで一気にさかのぼってしまったわけである。

なお、紀事本末体の史書は南宋以後各種編纂されており、『左伝』についても清代（一六四四年〜一九一二年）に高士奇《こうしき》によって『左伝紀事本末』が編纂されている。

実のところ紀事本末体のような叙述形式は上博簡の『鄭子家喪《ていしかそう》』など、単篇の説話を記した竹簡にも見える。『鄭子家喪』は、鄭の霊公《れいこう》を殺害した子家《しか》（公子帰生《こうしきせい》）の死を聞いた楚の荘王《そうおう》が鄭を包囲し、救援に駆けつけた晋と戦争になるという内容である。前五九七年の邲《ひつ》の戦いの開戦の経緯を略述した文献であるが、その経緯が『左伝』では宣公十一年（前五九八年）と、晋楚が開戦した宣公十二年（前五九七年）との複数年に跨がって記述されている（ただし鄭に出兵した理由は双方で異なっている）。

『繫年』ないしはその祖本は、このような単篇の文献を複数参照して編纂された可能性がある。更に言えば、『左伝』のもとになった「原左伝」も、あるいは紀事本末体の形式で著述された文献であったかもしれない。紀事本末体のはじまりは『繫年』よりもう少しさかのぼる可能性がある。

✝歴史から教訓を読み取る

『繫年』の話をもう少し続ける。陳偉は『左伝』との関連性に注目し、『繫年』は『鐸氏《たくし》微《び》』に相当する文献ではないかと推測している。『鐸氏微』とは、楚の鐸椒《たくしょう》が編纂したとされる、『春秋』に関係する文献である。

『鐸氏微』についてもう少し詳しく探ってみると、漢王朝の宮廷図書目録とも言うべき『漢書《かんじょ》』芸文志《げいもんし》では、儒家の経典《けいてん》のリストである六芸略《りくげいりゃく》の春秋家の部分に、『左伝』『公羊伝』『穀梁伝』などとともに『鐸氏微』が著録《ちょろく》されている。同種の文献として、ほかに

『左氏微』『張氏微』や、趙の宰相虞卿《ぐけい》が編纂したという『虞氏微』が挙げられている。『史記』の十二諸侯年表《じゅうにしょこうねんぴょう》の冒頭には、鐸椒は楚の威王《いおう》の傅《ふ》（輔佐役、教育係）であり、『春秋』を全部は読むことができない王のために、事の成敗の記事を採取して『鐸氏微』を作ったとある。同様に『虞氏微』は、趙の孝成王《こうせいおう》のために虞卿が、上は『春秋』を採り、下は近い時代の情勢を観察して『虞氏春秋』を作ったと言う。『春秋』自体はごく短い書であるので、ここで言う『春秋』は『左伝』などの伝を指しているのだろう。

また劉向《りゅうきょう》（前文で触れた劉歆の父）の『別録《べつろく》』には、伝統的に『左伝』を編纂したとされてきた左丘明から曾申《そうしん》、兵法で知られる呉起《ごき》、子期《しき》、鐸椒という師承関係を示したうえで、鐸椒が「抄撮《しょうさつ》」を作り、更にその弟子の虞卿が同様に抄撮を作ったという。抄撮というのは抜き書きのことである。ダイジェストと言い換えてもよい。ここではおそらく『左伝』の抜き書き、ダイジェストを指すのだろう。

ただし劉向の『別録』は現存しておらず、諸書に佚文《いつぶん》が見えるのみである。ここに引いた文は西晋《せいしん》の杜預《どよ》の『春秋経伝集解《しゅんじゅうけいでんしつかい》』序、すなわち『左伝』の注の序文の、更にそのまた注釈にあたる唐の孔穎達《くようだつ》の『春秋正義《しゅんじゅうせいぎ》』に引かれている佚文である。

陳偉は、『繫年』がおそらく楚地の出土で（清華簡は出土地不明とされているが、竹簡の文字の字体などから、楚地の出土であると推測されている）、大部分が『左伝』の抄撮と言うべき内容であることから、これを『鐸氏微』に比定したのである。

吉本道雅は、『繫年』を『鐸氏微』に比定することには同意しないが、その記述が『左伝』の抄撮に由来することは認めている。中国の研究者については、大多数が陳偉の見方に賛成し、更に考察を行っている。

李守奎は、『繫年』では春秋時代の歴史に加えて、第二十章以後は当時の現代史と言うべき戦国時代初期のことも扱っていることに注目する。これは、上は『春秋』を採り、下は近い時代の情勢を観察するという『虞氏微』など、『春秋』の「微」の性質と合致するのだと言う。

そのうえで『繫年』が『鐸氏微』そのものではなくその祖本であり、歴史を記載した書というよりも、そこから事の成敗を読み取り、歴史的知識を政治に生かすための歴史教科書ではないかと推測している。

北宋の『資治通鑑』の書名の由来が「治《ち》に資《し》し通じて鑑《かん》みる」、すなわち君主の治政の参考とし、歴史に通じることでそれを手本とするとされているように、『繫年』も、歴史を君主の治政の参考とするためのものと考えているわけである。言い換えれば、『繫年』は『資治通鑑』と同種の歴史書と見ているということになるだろう。

歴史から教訓を読み取るという態度は、戦国時代以前より見える。たとえば第一章で触れたように、西周金文の大盂《だいう》鼎《てい》や『尚書』酒誥《しゅこう》篇では、殷の君臣が酒に溺れたことが国家の滅亡を導いたのだと、王が臣下に戒めていた。

また『詩経』大雅の蕩《とう》は、召《しょう》の穆公《ぼくこう》が暴君とされる西周の厲王《れいおう》を戒めた詩であるとされる。詩の末尾で、文王が殷人に「殷の鑑《かがみ》となるのは遠い昔のことではなく、夏王の世である」〈殷鑑《いんかん》遠からず、夏后《かこう》の世に在り〉と戒めたというのを引き合いに出している。殷が夏王朝の滅亡を教訓として滅亡の危機に備えるべきであったのと同様に、君主たるあなたも殷の滅亡を教訓としなさいよと諭しているわけである。

このように西周時代には歴史を教訓とするということが行われていたのである。李守奎の説が正しいとすれば、『繫年』の発見により、歴史から教訓を読み取るためのテキストが既に戦国時代に存在していたということになる。そしてそのような態度は後の『史記』にも受け継がれることになる。

†『春秋事語』

実は古代の出土文献で『鐸氏微』に比定されるのは『繫年』だけではない。一九七〇年代に湖南《こなん》省長沙《ちょうさ》市の馬王堆漢墓《まおうたいかんぼ》から出土した帛書《はくしょ》『春秋事語《しゅんじゅうじご》』についても、著名な古文字学者である張政烺が『鐸氏微』に比定している。馬王堆漢墓は女性の「ミイラ」（正確には乾燥状態の遺体ではなく、水分を多く含んだ湿屍体《しつしたい》である）が発見されたことで知られる。
帛書とは絹の布に書写された文献を指す（図3－5を参照）。

『春秋事語』は全十六章からなる。全章春秋時代の説話であり、収録されている説話の大半が『春秋』経文および『左伝』と関係が深い。かつ各章とも文章はそれほど長くない。編纂の年代については、馬王堆漢墓自体は前漢（前二〇六年～後八年）初期の墓葬だが、『春秋事語』の編纂年代は秦の始皇帝以前、戦国時代末期まではさかのぼるようである。

これに加えて『繫年』と同様にかつての楚地の出土であるといった事情をふまえて、張政烺はこの文献を『鐸氏微』に比定したわけである。ただし『繫年』とは異なり、各章の説話は年代順に配列されているわけではない。

『漢書』芸文志に『鐸氏微』以外にも『虞氏微』など複数『春秋』の「微」が著録されているように、当時の楚地にあっても様々な『左伝』のダイジェストのような文献が流通していたということなのかもしれない。

『繫年』についても『春秋事語』についても、『鐸氏微』のような芸文志などに書名が見える佚書《いつしょ》に比定しようとするのは、さして意味のあることとは思えない。その無意味さを自覚しなければ、楚地で春秋時代を舞台にした説話集が発見されるたびに、『鐸氏微』との関係を詮索し続けることになるだろう。

『鐸氏微』との関わりはともかく、『繫年』が教育のために編纂されたと見る論者は日本にも存在する。浅野裕一は『繫年』が国際関係の推移や、それが後々の世に及ぼした影響に触れていることに着目し、この文献が、将来外交に従事する可能性が高い高級貴族の子弟に対して、そうした任務に必要な予備知識を修得させるために編纂された歴史書ではないかと主張している。『左伝』と比べて『繫年』の記述が、事の推移の骨格だけを抜き出したような文章となっているのもそのためではないかと言う。

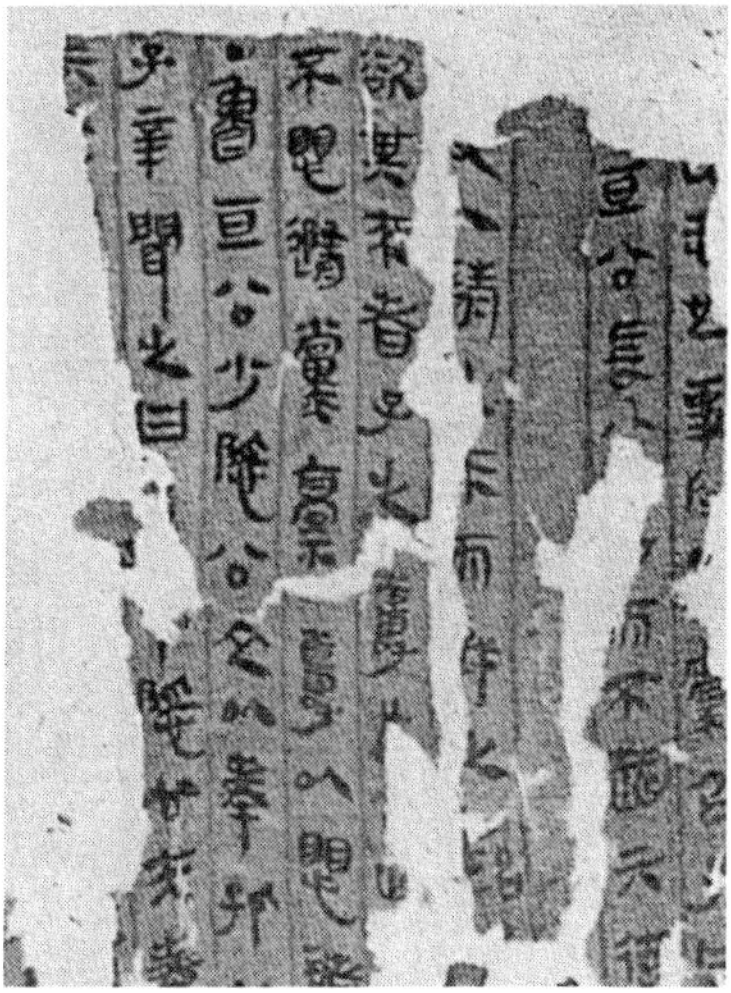
図3-5 『春秋事語』

水野卓は諸家の見解を承《う》けつつ、『繫年』が『左伝』の抄撮であるか否かにそこまでこだわる必要はないのではないかと疑問を呈し、『繫年』の原資料としては、小倉芳彦の言う『古文左氏（伝）』が想定できるのではないかと指摘している。ここで言う『古文左氏（伝）』とは、「原左伝」に相当するものであろう。つまり『繫年』は

『左伝』のダイジェストというよりも、共通の祖本を持つ歴史書と考えているわけである。

2 歴史から道理を知る

†春秋の筆法

さて、ここで『春秋』経文の話に戻ることにしよう。前節の「『春秋』について」の項で、「元年春、王の正月」から始まる隠公元年の経文を挙げておいた。これらの条文をザッと見る限りは単なる年代記のように思うかもしれない。

しかし伝統的にはそうは考えられてこなかった。どういうことかというと、『春秋』は魯国の年代記がそのまま残されたものではなく、孔子が大義を示すために、条文の字句を改めたり削ったりしたものであると考えられてきたのである。

たった一文字、一句でもそこには深い意味が込められているということで、『春秋』は微言大義《びげんたいぎ》の書であるとか、あるいは孔子のような態度で歴史を叙述するのを「春秋の筆《ひっ》法《ぽう》」と言ったりする。

その「春秋の筆法」の実例を少し見てみることにする。なお本節の内容については、経書《けいしょ》（五経など儒家の経典）の専門家である野間文史による解説を主に参照したことをお断りしておく。

ここで本書「まえがき」で紹介した『左伝』襄公二十五年（前五四八年）の説話を思い出してもらいたい。斉の荘公《そうこう》が重臣の崔杼《さいちょ》の家に通ってその妻と私通したうえに、彼の冠を持ち出して人に与えたりして辱めを与えたというので、それを怨んだ崔杼によって殺害されたという話である。

この時に史官にあたる大史《たいし》が事実のままに「崔杼、其の君を弑《しい》す」と記録したので殺害したが、後を継いだ大史の弟たちも同じように記録し、崔杼も遂に諦めたということであった。そこでも触れた通り、「弑する」とは、臣下が主君を殺すなど目下の者が目上の者を殺害することを指す。襄公二十五年の経文でも「夏五月乙亥《いつがい》、斉の崔杼、其の君光《こう》を弑す」とある。「光」というの荘公の名である。

宣公二年（前六〇七年）にも類似の説話が見える。今度は晋の話である。暗君として知られる晋の霊公《れいこう》は、重臣の趙盾《ちょうとん》がしばしば彼のふるまいを諫めるのが気に食わず、刺客を放ったり、あるいは酒宴に招いて殺害しようとしたりと、二度三度と趙盾の暗殺を図る。しかし人望の厚い趙盾は危機に陥るたびに人に助けられ、暗殺計画はいずれも失敗に終わる。

趙盾は国外に逃亡して難を逃れようとしたが、その間に一族の趙穿《ちょうせん》が独断専行して霊公を殺してしまった。そこで大史の董狐《とうこ》が「趙盾、其の君を弑す」と記録した。趙盾は、霊公の殺害は自分のあずかり知らぬことであると弁解した。しかし董狐は「あなたは国境を越えて外国に亡命したわけでもなく、国都に戻っても殺人犯の趙穿を捕らえたわけでもない」と承知せず、趙盾も納得せざるを得なかったという筋立てである。

宣公二年の経文には、襄公二十五年の場合と同様に「秋九月乙丑《いっちゅう》、晋の趙盾、其の君夷《い》皐《こう》（やはり霊公の名である）を弑す」とある。董狐の説話から、政治的圧力を恐れたり権力者に媚《こ》びたりせずに事実を書き残すことを意味する「董狐の筆」という言葉が生まれた。そしてこれこそが「弑」という一文字に大義を託した「春秋の筆法」の例ということになる。

しかし前者の崔杼はともかく後者の趙盾の例は、「趙盾、其の君を弑す」と言い切るにはかなり微妙である。趙盾に同情したくなる読者もいるかもしれない。この場合「弑す」という語は事件の実態を示すというよりも、ある種の価値判断が込められた表現となっている。

無論、これはあくまで『左伝』の記述に基づけばの話で、霊公や趙盾が当時実際に『左伝』に描かれるような人物であったかどうかというのはまた別の話である。

†元年春、王の正月

「弑す」の場合は、そう表記することで価値判断を加えたということになる。それとは逆に書くべきことを書かないことで価値判断を加えるという方法もある。

ここでまた隠公元年の経文に立ち返る。経文の最初の条は「元年春、王の正月」であった。ほかの魯公についても即位の元年には同様の記事があるが、だいたいは「王の正月」のあとに「公、即位す」〈公が即位した〉と続く。隠公の次の桓公元年にも「元年春、王の正月、公、即位す」とある。なぜ隠公には、本来ならあるはずの即位したことを示す文言がないのだろうか？『公羊伝』では以下に引くようにその事情を長々と説明している。

「元年」とは何か。君（隠公）の始めの年である。「春」とは何か。年の始めである。「王」とは誰のことを言っているのか。（周の）文王をいう。どうして先に「王」と言って、後に「正月」と言うのか。王の正月だからである。なぜ「王の正月」と言うのか。（暦が）統一されているからである。（経文で）隠公はなぜ「即位」と言わないのか。公の意志を汲んだためである。なぜ公の意志を汲んだのか。公は魯国を安定させてから公位を桓公に返そうとしたからである。どうして公位を返そうとしたのか。桓公は幼少だが身分が高く、隠公は年長だが身分が低かったからである。その尊卑とはいっても（二人とも母が正室ではないのだから）わずかなものであるが、魯国の人はそのことをわきまえていなかったのである。……

〈元年なる者は何《なん》ぞ。君の始めの年なり。春なる者は何ぞ。歳《とし》の始めなり。王なる者は孰《たれ》をか謂《い》う。文王を謂うなり。曷為《なんす》れぞ先に王と言いて後に正月と言う。王の正月なればなり。何ぞ王の正月を言う。大いに一統《いっとう》すればなり。公、何を以《もっ》て即位と言わざるや。公の意を成《な》せばなり。何をか公の意を成さんか。公、国を平《たい》らぐるを将《もっ》て之を桓《かん》に反《かえ》さんとす。曷為れぞ之を桓に反す。桓、幼《よう》にして貴《たっと》く、隠《いん》、長《ちょう》にして卑《いや》しければなり。其《そ》れ尊卑《そんぴ》たるや微《び》なれども、国人《こくじん》知る莫《な》し。……〉

ここでは前半部分のみの引用にとどめ、後半は省略した。『公羊伝』の文章はこのような問答の繰り返しによって成り立っている。『公羊伝』は公羊高以来口承によって伝えられ、前漢の第六代景帝《けいてい》の時代に胡母生《こぶせい》らによってその内容が竹帛《ちくはく》（竹簡や帛書）に著述されたと言われている。『公羊伝』の問答による文体は、当初口承によって語り伝えられたことと関係しているのだろう。

本文の内容について見ていくと、冒頭ということもあって、まずは「春」、あるいは「王の正月」と表記している意味を細々と説明している。当時諸侯国では周王朝の暦を用いていたようである。第一章第三節で引用した子犯鐘《しはんしょう》や曾公𠭯鐘《そうこうきゅうしょう》など、諸侯国の金文でも多々「唯《こ》れ王の×月」のような紀年表記が見られる。

肝心の即位の文言がないことについては、隠公は本来即位すべき桓公と比べて母の身分が低いという問題があるが、桓公は幼少で君主として国政を執り行うことができないので、年長の隠公が代理、あるいは摂政のような立場で君主となったと言っているのである。そこで将来桓公に譲位をするつもりであった隠公の意志を汲んで「即位」の文言を省いたのだと説明している。

後略した部分も隠公が賢人であることを理由に、臣下によって君主として立てられたことに触れつつ、結局は双方の母親の身分の差により、彼が即位してはならなかったのだという説明を続けている。全体としては、隠公の即位を批判しつつも、譲位の意志自体は褒めるべきものと評価しているようである。なお付け加えておくと、桓公はのちに隠公を殺害して即位することになる。

『春秋』経文で扱われる十二人の魯侯のうち、隠公以外にも治世の元年に即位の文言が見られない者が四人存在する。時代順に荘公、閔公、僖公、定公である。『公羊伝』ではやはりそれぞれ即位の経緯に問題があったことを指摘されている。

まず荘公は、先君の桓公が隣国の斉《せい》で殺害されたことが理由となっている。閔公は、本来荘公の子の般《はん》（斑《はん》とも）が後継として即位するはずだったのが、政変により殺害されて般の兄弟の閔公が立てられたからである。僖公もやはり先君の殺害を理由としている。

以上の三人は先君の殺害を理由としているが、定公の場合は事情が異なる。『公羊伝』での経文の表記も「元年、春、王」とだけあって、「正月」の二文字すら書かれていない（ちなみに『穀梁伝』の経文にも同じ条文があるが、『左伝』の経文には存在しない）。その先君の昭公は国を追われて亡命先の晋で死亡し、六月に魯で遺体を引き取って喪を行い、そして定公が六月のうちに即位したからである。

春秋時代の魯国の場合、通常は先君が死亡しても、その年の間は先君の治世ということにして、年が明けてから正月に即位して改元するということになっていた。これを踰年改《ゆねんかい》元法《げんほう》とか踰年称元法などと呼ぶ。年号のない時代のことなので、ここで言う「改元」というのは新君の在位年に切り替えることである。

しかし昭公の場合は、亡命先での死亡という特殊な事情により、次の定公の即位の時期が変則的となった。まず昭公三十二年（前五一〇年）の十二月に昭公が没すると、翌年（前五〇九年）の正月に定公が建てられたが、この時には即位の礼が行われなかった。そして六月になって昭公の遺体を亡命先より引き取ってから即位の礼を行ったのである。

正月の時点では葬られるべき先君の遺体が国内にはなく、また政治的事情により遺体を引き取れるかどうかもわからなかったということで、定公の元年には正月が存在しないという扱いになっているのである。

なお、『公羊伝』だけでなく、『穀梁伝』と『左伝』も元年に即位の文言がない場合はそれぞれ説明を加えている。

†断爛朝報

「弑す」の例といい「元年春、王の正月」といい、実にどうでもよさそうな些末なことにこだわっているという感想を抱く読者もおられるかもしれない。しかし政治上の問題により細かな文言にこだわるのは近代国家でもしばしば見られることである。

たとえば日本でも一九三七年に勃発した日中戦争について、交戦する双方がともに宣戦布告などを出さなかったことにより、戦時中はもちろん終戦後もしばらくは「戦争」ではなく「事変」と呼称されていた。近年でも、二〇一六年に沖縄の米軍用飛行場に配備された航空輸送機オスプレイが大破して海岸付近に墜落した事故を「墜落」と言わずに、「不時着」あるいは聞き慣れない「不時着水」なる用語で公表され、物議を醸《かも》したことがあった。

無論『春秋』を著述した史官にそれなりの理屈があったように、こうした用語を使う官の側には官の側なりの理屈があるのだろう。「微言大義」は決して現代の我々にとって無縁なものではない。

しかし「元年春、王の正月」には、本当に前項で見たような意味が込められていると見てよいのだろうか？　北宋時代に新法《しんぽう》を定めて政治改革を行ったことで知られる王安石《おうあんせき》が、『春秋』を「断爛朝報《だんらんちょうほう》」と評したことはよく知られている。引き裂かれてズタズタになった官報ということである。

『春秋』はおそらく竹簡に記述されたものと思われる。前節の『成王為城濮之行』の所で触れたように、竹簡というものは文字や語句、酷い場合には文章そのものが欠落してしまうことがよくある（図3-3も参照）。帛書の場合でも虫食いなどが生じるであろうし、長期間の保存は竹簡より難しいだろう。実際、古代の帛書の実物としては、前節で触れた馬王堆漢墓帛書以外は戦中に今の湖南省長沙市で発見された戦国時代の楚国の子弾庫帛書《しだんこはくしょ》が知られるのみである。

「元年春、王の正月」は『公羊伝』などで説明されているような深い意味が込められているわけでなく、単に「公、即位す」の部分が欠落しているのではないかと考える論者も存在する。かく言う筆者もそのひとりである。特に定公元年の「元年、春、王」についてはそう判断した方がよいのではないかと思う。

†『公羊伝』の説話

前節で、説話が中心の『左伝』の中にも『公羊伝』『穀梁伝』と同様に経文の一字一句の意味にこだわる批評が存在するという話をした。これとは逆に、『公羊伝』と『穀梁伝』にも『左伝』のように説話を語ることによって説明する場合がある。その実例を僖公十年（前六五〇年）の経文「晋の里克《りこく》、其の君卓子《たくし》を弑し、其の大夫荀息《たいふじゅんそく》に及《およ》ぼす」〈晋の里克がその君主の卓子を殺害し、（卓子の）臣下の荀息にも累が及んだ〉に対する『公羊伝』の伝文によって見てみることにしたい。

その前に簡単に話の背景を説明しておくと、晋の献公《けんこう》にはもともと申生《しんせい》という太子がいたが、驪姫《りき》を寵愛したことにより、彼女との間に産まれた奚斉《けいせい》を太子に立てたいと望むようになった。結果、申生は驪姫に陥れられて自害し、その異母弟の重耳《ちょうじ》（後の覇者文公《ぶんこう》）と夷吾《いご》（後の恵公《けいこう》）は危険を察して晋国から逃亡し、外国に亡命することとなった。重耳の亡命については、宮城谷昌光の代表作『重耳』によってご存知の読者もおられることだろう。

伝文は、例によって「「及ぼす」とは何か？」「累が及んだということである」というような問答が続き、荀息が賢明で食言《しょくげん》をしなかったという話になる。食言をしないとは、自分の言ったことに背かないということである。そして荀息が食言をしなかったことを示すために、以下の説話が語られるのである。説話は長文であるので、ここでは現代語訳のみ紹介する。

奚斉、卓子とは、驪姫の子である。荀息が教育係であった。驪姫とは、国一番の美女である。献公は彼女を大変に愛し、彼女との子を後継に立てようとした。そこで太子の申生を殺した。申生は、里克が教育係となった。献公が病で死にそうになると、荀息に言った。「士たる者はどのようであれば信義が立つと言えるだろうか」。荀息が答えて言う。「殿が死者として生き返ったとしても、生者としての自分がその言葉に恥じなければ、信義が立つと言えましょう」。献公が死に、奚斉が国君として立った。里克が荀息に言うには、「先君が正当な後継者を殺して正当でない者を立て、年長の子を廃して幼君を立てたのは、一体どういうことか。あなたとともに考えたいものだ」。荀息が言った。「先君はかつて私に訊ねられ、私はこのように答えた。『殿が死者として生き返ったとしても、生者としての自分がその言葉に恥じなければ、信義が立つと言えましょう』と」。里克は彼とともに謀反を起こせないことを察知し、退出して奚斉を殺害した。荀息はその弟の卓子を立てたが、里克が卓子も殺害すると、荀息は二人の幼君に殉じるために自害した。荀息は食言をしなかったと言えよう。

晋の重臣里克はかつて申生の教育係だったことにより、申生を廃して驪姫の生んだ奚斉を後継に立てたのを不満に思っていた。彼は荀息を誘って謀反を起こそうとしたが、荀息は献公から後事を託されたということで承知しない。そこで彼ひとりで奚斉を殺害し、ついでその同母弟の卓子も殺害した。荀息は二人の後を追うような形で自害をしたという話である。この説話によって里克の謀反と荀息の死を、前後の状況も交えて説明しているわけである(補足しておくと、『左伝』にも類似の場面設定、筋立ての説話が見える)。『公羊伝』と『穀梁伝』、特に『公羊伝』にはこのような説話が意外と多く存在する。

この説話では荀息が食言をしなかったという信義の問題が説かれている。信義の問題は更に敷衍すると任俠の精神へとつながる。この説話は『公羊伝』が任俠の精神を重視していることと関係するものとされている。

それはともかくとして野間文史はこうした説話について、最終的な伝文の整理の段階で、ほかの文献から取り入れたのではないかと推測している。『左伝』については、多くの論者が『春秋』経文に合わせて「原左伝」から説話を取り込んで編纂されたと考えているということであった。実は『公羊伝』も『左伝』と似たような過程を経て成立した可能性が高いのである。

以上のように『公羊伝』『穀梁伝』に一定程度の説話が存在することからすると、『左伝』と『公羊伝』『穀梁伝』は、パッと見た限りはまったく異なるタイプの伝に見えるが、その実両者の距離は案外近いのではないかと思うのである。

†第二の『公羊伝』として

『春秋』の伝の中では、まず前漢の景帝の時代に『公羊伝』が国家公認の学として広く受容されるようになった。そして前述のように、前漢末期に劉歆によって『左伝』が「発見」されたということであった。『左伝』は劉歆がブレーンとなり、前漢を滅ぼして新を建てる王莽《おうもう》が政権を掌握するうえで、その正統性を示す書として政治的に利用されることとなる。

その間の時期である前漢第十代の宣帝の時代に国家公認の学となったのが『穀梁伝』である。しかし『左伝』とは違い、『穀梁伝』はパッと見た限りは『公羊伝』とそれほど違いが見出せない。『春秋』経文の一字一句の解釈を中心にするというスタイルは『公羊伝』

と同じなのである。

野間文史によると、『穀梁伝』は基本的には『公羊伝』の思想を継承・発展させていると言う。だが、所々で違いが見える部分がある。本書では『穀梁伝』についてその点だけ簡単に確認しておこう。

ここで再び隠公元年の「元年春、王の正月」である。『穀梁伝』でもこの経文に対して長い注釈をつけている。さしあたり概要だけ紹介しておくと、『穀梁伝』でもまずは『公羊伝』と同じく、隠公は実際には即位したのであるが、将来異母弟の桓公に譲位するつもりだったという意志を汲み、経文ではこのような記述のしかたになったのだと言う。『公羊伝』の場合は、全体として隠公の譲位の意志は褒めるべきものと評価しているようであるということであった。しかし『穀梁伝』は逆の評価をしている。隠公が桓公に譲位することは正しくないことであると言うのである。

そもそも二人の父の恵公《けいこう》が兄である隠公を差し置いて桓公に後を継がせようとしたのが正しくないし、父の遺志を継いで桓公に譲位しようとした隠公も正しくないという理屈である。しかし桓公が隠公を殺害したことを非難し、桓公を悪と位置づけるために、『春秋』は隠公の意志を汲んで即位のことを言わなかったのだとする。ここでは『公羊伝』が譲位を容認するのに対し、『穀梁伝』は逆に譲位を否認しているということになる。

このように『穀梁伝』は所々で『公羊伝』に対して敢えて反抗する立場を取っている。野間文史は、『穀梁伝』が『公羊伝』の思想を継承し、それを発展させつつも、部分的に対抗的な姿勢を示していることから、この書を「第二の『公羊伝』」と位置づけている。

『漢書』芸文志によると、『春秋』の伝は『左伝』『公羊伝』『穀梁伝』のほかに『鄒氏伝』《すう》と『夾氏伝』《きよう》も著録されている。この二書は現存していない。特に『夾氏伝』に至っては、芸文志自体に書名を著録するのみで文献自体は既に失われている旨注記されている。つまり芸文志が編纂された時点で既に存在していなかったわけである。しかし伝としての形式は『公羊伝』『穀梁伝』と同様だったのではないかと推測される。更に言えば、おそらくは『穀梁伝』のように「第二の『公羊伝』」を目指しつつも、その地位を得られないまま散佚の憂き目に遭ったのではないだろうか。

†『春秋』以外の年代記

さて、『春秋』の伝の話はこのぐらいにして、ほかの年代記の話に移ろう。『墨子』《ぼくし》明鬼《めいき》下篇《げ》では、各国の鬼神による怪異譚をいくつか紹介し、それぞれの出典が「周の春秋」「燕の春秋」「宋の春秋」「斉の春秋」であると述べている。

たとえば「周の春秋」の場合なら、西周の宣王が杜伯《とはく》という人物を無実の罪で処刑し、三年後に狩猟が行われた際に、死んだはずの杜伯が車馬に乗って現れ、宣王を射殺したといった具合である。燕、宋、斉についても似たり寄ったりの話が引かれている。『春秋』というよりも、どちらかと言うと『左伝』に出てきそうな話である。

この話からすると、「春秋」というのはもともと王侯の年代記を指す一般名詞だったようである。それが魯の春秋だけが後世に伝えられることになったので、魯の年代記の名称とされるようになったのだろう。

無論『墨子』にこのような記述があるからと言って、魯以外の国に『春秋』が実在したとは限らないわけだが、『墨子』の著述された当時、各国に『春秋』が存在していてもおかしくないと考えられていたのは確かである。

諸侯の年代記については『孟子《もうし》』離《り》婁下《ろうげ》篇にも以下のような言及がある。

王者の車馬の跡が途絶えてしまってから詩が滅んでしまい、詩が滅んだのちに『春秋』が作られるようになった。晋の『乗《じょう》』、楚の『檮杌《とうごつ》』、魯の『春秋』はみな（年代記として）同じものである。その内容は斉の桓公《かんこう》、晋の文公《ぶんこう》といった覇者の事跡であり、その文章は史官によるものである。孔子は言われた。「その大義は、私丘《きゅう》（丘は孔子の名）が個人的に汲み取ったものなのだ」。

〈王者の跡熄《あとや》みて詩亡《ほろ》び、詩亡びて然《しか》る後《のち》に春秋作《お》こる。晋の乗、楚の檮杌、魯の春秋、一《いつ》なり。其の事は則《すなわ》ち斉桓《せいかん》、晋文《しんぶん》、其の文は則ち史。孔子曰く、「其の義は則ち丘、窃《ひそ》かに之を取れり」と。〉

上は儒家の中で孔子に次ぐ「亜聖《あせい》」とされている孟子の言葉である。この文章はかなり説明を補足しないと内容を把握しづらい。

伝説によると、西周の時代には王の官吏が各地を巡察して民間で流行している詩を採取し、民情を探るということが行われた。そうやって採取された詩が『詩経』の国風《こくふう》に収められたと言われている。しかし周王朝が衰退すると、そういうことが行われなくなり、王の治世を讃《たた》える詩も作られなくなった。

そこで世の道理を正すために『春秋』が作られるようになったのだと言う。その名称は、晋では『乗』、楚では『檮杌』、魯では『春秋』と呼ばれた。ここでは国ごとに年代記の名称が異なるとされている。しかしそれらはいずれも年代記として同様の体裁で、内容はいずれも斉の桓公や晋の文公といった覇者の事跡を中心とするものであり、各国の史官によって著述されたと言う。

そしてそこから孔子が大義を読み取ったのだと言う。『春秋』が孔子の筆削を経ているというのは、この『孟子』の文章から発生したものである。

それはともかくとして、魯の『春秋』以外の年代記は実際に存在したのだろうか？　ひとつの例としては、『秦記《しんき》』が知られている。『史記』秦始皇本紀《しんしこうほんぎ》の末尾に附載されている秦君表がその引用であるという説がある。秦君表は年代記と言っても、東遷の際の君主である襄公《じょうこう》から始皇帝の子の二世皇帝（胡亥《こがい》）までの秦君の在位年数と陵墓の場所、そして簡単な事跡などを列挙した、ごくごく短いものである。あるいは『秦記』の全文ではなく適宜節略したものという説もある。これは司馬遷が附載したものではなく、後人が附載したもののようである。『史記』六国年表の序文によると、『秦記』は日月を記さず、簡略なものであったということである。

前漢の宮廷の蔵書庫には先秦時代の諸侯国の年代記が収められており、司馬遷はそれを利用して『史記』を編纂したと考えられている。しかし現在知られている年代記の中で、司馬遷が利用できなかったものがある。それが『竹書紀年《ちくしょきねん》』であるが、この書は言わば「いわくつき」で色々と説明が必要になる。項を改めることにしよう。

†西晋時代の出土文献

『竹書紀年』は、司馬遷によって『史記』が編纂されるのよりもずっとあとの時代、三国志で知られる魏《ぎ》・呉《ご》・蜀《しょく》の三国を統一した西晋《せいしん》の時代（二六五年〜三一六年）に発見された年代記である。竹簡の形で世に現れたことからこの名がある。当時の汲《きゅう》郡（今の河南省衛輝《えいき》市）の不準《ふじゅん》という人物が戦国時代の魏王のものとされる墓（これを汲冢《きゅうちょう》と称する）を盗掘し、埋葬されていた竹簡の中にこの書が存在したのである。これらの竹簡は「汲冢書」と総称される。

ただ、不準は竹簡の価値がわからず、竹片をたいまつがわりに燃やして宝物をあさったという。これにより汲冢書に残欠が生じた。これらの竹簡は朝廷に接収され、西晋の初代武帝《ぶてい》（司馬炎《しばえん》）の命により、荀勗《じゅんきょく》・和嶠《わきょう》・束晳《そくせき》といった学者たちが整理にあたることとなった。

汲冢書には『竹書紀年』のほか、西周の穆王《ぼくおう》が西方の崑崙山《こんろんさん》まで旅行し、西王母《せいおうぼ》という神仙と対面したという小説『穆天子《ぼくてんし》伝《でん》』、『易経』『国語』、夢占いや志怪《しかい》小説に類する説話を収めた『瑣語《さご》』など十数種の文献が含まれていた。これらの文献は当然戦国時代の書体で書かれており、荀勗らによる整理作業の際に当時の通行の書体に改められた。

汲冢書のうち特に『竹書紀年』と『穆天子伝』は、当時の学術や文学に強いインパクトを与えた。しかしこれらの文献は『穆天子伝』を除いてすべて散佚した。だから『竹書紀年』も現存していない。ほかの文献に部分的に引用された佚文《いつぶん》が見えるのみである。その佚文を収集して『竹書紀年』を復原しようとする試みが清代より行われている。その佚文や輯本《しゅうほん》（佚文を集めて原書の復原を図ったもの）を便宜的に古本《こほん》『竹書紀年』と称する。

これに対して、南朝梁《りょう》（五〇二年～五五七年）の沈約《しんやく》のものとされる注が付いた『竹書紀年』も存在するが、こちらは一般的に後代に作られた偽書であるとされる。これを古本に対して今本《きんぽん》『竹書紀年』と称する。ただ、中身はまったくのデタラメというわけでもなく、『竹書紀年』の佚文やほかの文献の記述を抜き出して作られたものであるとして、一種の輯本として評価する研究者もいる。通常史料として引用されるのは古本の方である。本書で引用する『竹書紀年』も基本的に古本の文章である。

佚文から判断するに、体裁は『春秋』と同様の年代記であり、時代は三皇五帝の五帝から戦国魏の襄王《じょうおう》にまで及ぶ。夏・殷・西周の諸王のあとは春秋の晋の君主の年代記が続き、そのあとは更に魏の君主の年代記が続いたようである。出土地の情報と佚文の内容を合わせて、『竹書紀年』は戦国魏の年代記であるとされている。

†露悪的な『竹書紀年』

『竹書紀年』の特徴は、従来の文献に見られない事項が記述されていることである。たとえば西周の最後の幽王が死んだのちに諸侯が王子余臣《よしん》という人物を擁立して携王《けいおう》とし、周では一時幽王の子の平王《へいおう》と携王の二王が並立したとある。携王のことは清華簡『繫年』の第二章にも見え、そちらでは携王は幽王の弟とされている。

このように先秦の歴史を補う記述が存在する一方で、劉光勝が指摘するように、古の帝王や名臣について露悪的な記述を残していることも特徴として挙げられる。

たとえば五帝のひとり舜は、前章の第一節で触れたように『史記』五帝本紀などでは、堯から能力を認められて禅譲され、平和裏に政権を譲られたとされている。ところが『竹書紀年』では「昔堯の徳が衰えると、舜に捕らえられた」〈昔堯の徳衰《おとろ》うに、舜の囚《と》らう所と為《な》るなり〉とか、「舜は堯を捕らえ、かつまた（その子の）丹朱《たんしゅ》をも束縛し、（彼が）父と対面できないようにした」〈舜、堯を囚らえ、復《ま》た丹朱を偃塞《えんそく》し、父と相《あ》い見《まみ》えざらしむるなり〉などとある。禅譲どころではなく、舜は堯の力が衰えたとみるやクーデターを起こして捕らえてしまい、息子の丹朱と引き離したと言うのである。

また夏の禹王については、『孟子』万章上《ばんしょうじょう》や『史記』夏本紀によると、禹王は亡くなる際に益《えき》という人物に禅譲した。ところが諸侯はみな益のもとを去って禹の子の啓《けい》を推戴《すいたい》したので、啓が天子の位に即き、以後禹の子孫が天子の位を世襲するようになったのだと言う。『竹書紀年』はこれについても「益は啓の（継ぐべき）天子の位を奪い、啓が彼を殺した」〈益、啓の位を干《おか》し、啓、之を殺す〉という異伝を記述している。天子の位はもともと啓のものだったということである。

殷についても、『孟子』万章上や『史記』殷本紀では、殷の初代湯王《とうおう》の嫡孫の太甲《たいこう》が暴虐であったので、湯王を支えた建国の功臣の伊尹《いいん》が彼を桐宮《とうきゅう》に追放して摂政となり、三年後に彼が悔い改めたのを見て政権を返したとされている。これも『竹書紀年』では、伊尹が太甲を追放して王位を簒奪し、捲土重来《けんどちょうらい》した太甲によって殺害されたという所伝を記述している。

それでは西周はと言うと、第十代の厲王《れいおう》は暴君として知られ、彼は即位三十七年にして王位を追われて追放されたことで知られる。『史記』周本紀では、その後十四年間周公《しゅうこう》と召公《しょうこう》が「共和《きょうわ》」と号して幼少の宣王《せんおう》が即位するまで政務を執ったとある。これを「共和行政」と呼ぶ。一方『竹書紀年』では「共伯和《きょうはくわ》が王位を奪った」〈共伯和、王位を干す〉と、共伯和なる人物が王位を簒奪したことになっている。

前章の第一節では、おそらくもともとは英雄伝説であっただろう舜の神話を、儒家が親への孝行や兄弟の友愛を尊ぶ説話に作り替えたのではないかという議論をした。そうした儒家的な神話の美化とは逆に、『竹書紀年』では古帝王の禅譲や名臣による帝王の輔佐の話が露悪的な簒奪の話になってしまっている。

西周の初代武王の弟の周公旦《しゅうこうたん》が、兄の死後に幼な子であったとされる成王《せいおう》を輔佐したという話は、ご存知の方も多いことだろう。『竹書紀年』ではちょうど残欠した部分に当たっていたのか周公旦に関する記述は見られない。もし残存していたとしたら、伊尹や共伯和のように王位を奪ったということになっていたのではないだろうか。

†『竹書紀年』は真実を伝えているか

堯舜の禅譲については、古くは唐（六一八年〜九〇七年）の劉知幾《りゅうちき》による史論『史通《しつう》』で、汲冢書のこの類の記述をもとに疑念を示している。それでは『竹書紀年』の記述が、儒家による美化を経た説話よりも、もともとの神話伝説なり史実なりの真相に迫っていると見てよいのだろうか？

それを考える手がかりとなりそうなのが、『戦国策《せんごくさく》』燕策一《えんさくいち》や『史記』燕世家《えんせいか》に見える燕王噲《えんおうかい》の話である。燕王噲は自分の心服する子之《しし》という人物に王位を禅譲したことで知られる。燕王噲はまず臣下から堯が許由《きよゆう》に禅譲しようとしたことを引き合いに、子之に国を譲るよう求められる。許由は堯から天下を譲られたが、それを拒絶したことで知られる。しかし子之は許由とは異なり、拒絶せずに国を譲り受けた。話はここで終わらない。今度は無名の遊説家が王に次のように説得する。

「禹は（国政を）益に授けて啓をその官吏としましたが、年を取ると、啓に天下を任せるには不足であると考え、益に伝えることにしました。（そうすると）啓が同志とともに益を攻めてその天下を奪ってしまいました。これは禹が名目上は天下を益に伝えたとはいっても、その実啓に自ら天下を奪わせたということなのです。今王は国を子之に帰属させたと言いつつも、官吏に太子の手の者でない者はおりません。これは名目上子之に帰属させたものの、太子が取り仕切るということなのです」。

〈「禹、益に授けて啓を以て吏《り》と為《な》す、老ゆるに及びて、啓を以て天下を任《まか》すに足《た》らずと為し、之を益に伝《つた》う。啓、支党《しとう》と与《とも》に益を攻めて之が天下を奪う。是《こ》れ禹、名は天下を益に伝うるも、其の実啓をして自ら之を取らしむるなり。今王、国を子之に属《ぞく》すと言うも、而《しか》るに吏に太子の人に非《あら》ざる者無し。是れ名は子之に属するも、而るに太子、事《こと》を用《もち》うるなり」と。〉

ここでは、『竹書紀年』に見えるような啓が益から天子の位を奪い取ったという話を引き合いに出している。そして子之を益に、燕の太子を啓になぞらえ、子之が益のように名目のみの後継と受け取られないようにもっと実権を与えよと言っているわけである。

儒家が美化した古帝王の禅譲劇は、戦国時代の燕王噲と子之のような禅譲劇を正当化するために語られたのだろう。

　そして『竹書紀年』が禅譲や名臣の輔佐を露悪的に簒奪劇にしてしまっているのも、儒家への当てこすりや「逆張り」でなければ、斉国で太公望《たいこうぼう》以来の呂《りょ》氏にかわって、権臣として衆望を担う田《でん》氏（陳《ちん》氏とも）が国君の位を簒奪したことや、韓・魏・趙の三国が晋から独立したことなどを背景として語られたものなのだろう。

『竹書紀年』の舜・益・伊尹、そして共伯和に対する評価については、決して神話伝説や歴史の真相に迫ったものなどではない。許兆昌が指摘しているように、戦国時代の政治の現実が反映されたものと見るべきである。そう考えれば、儒家が美化した禅譲劇も『竹書紀年』の古帝王や名臣に対する露悪的な評価も、一種の歴史認識にすぎないのである。

3　諸子百家の歴史学と歴史観

†孔子の歴史観――夏殷周三王朝の交代

　本章の冒頭で述べたように、中国で書籍と呼べるものが登場するのは戦国時代になってからである。初期の段階で著述されたのは、おそらく『尚書』の諸篇や『詩経』『周易』、そして『春秋』など王侯の年代記であっただろう。『尚書』『詩経』『周易』については『左伝』や諸子の書にも多く引用され、また近年は戦国時代に編写されたそれらの竹簡が続々と発見されている。

本節では、主に稲葉一郎と吉本道雅の研究を参照しながら諸子百家の歴史観、更には彼らの歴史学的ないとなみについて見ていくことにしよう。

諸子の書として最初に登場したのは、儒家の祖の孔子やその弟子たちの言行録である『論語』と見られる。これも近年、安大簡《あんだいかん》の『仲尼曰《ちゅうじえつ》』や（仲尼は孔子の字《あざな》）、湖北省《こほく》荊州《けいしゅう》市王家嘴《おうかし》戦国楚墓七九八号墓から出土した『孔子曰《こうしえつ》』の発見により、戦国時代に現行の『論語』の内容を含んだ類似の形式の文献が複数流通していたことが明らかとなりつつある。

この『論語』に孔子の歴史観をうかがえるような条目が二、三存在する。『論語』の為《い》政篇《せい》では、「十世代先のことなんてわかるのでしょうか」〈十世知るべきか〉という弟子の質問に対して、孔子は以下のように答えている。

殷は夏の制度を継承しており、削ったり加えたりしたあとがわかる。周は殷の制度を継承しており、削ったり加えたりしたあとがわかる。（だから）周を継ぐものがあるとすれば、百世代先であっても（その様子が）わかるのである。

〈殷は夏の礼に因《よ》る、損益《そんえき》する所知るべきなり。周は殷の礼に因る、損益する所知るべきなり。其れ或いは周を継ぐ者は、百世と雖《いえど》も亦《ま》た知るべきなり。〉

孔子は夏・殷・周三代の王朝交代によって弟子の質問に答えている。殷と周はそれぞれ前の王朝の制度を受け継ぎつつ改良を施しているのだから、周以後も同じことが繰り返されると見てよく、それによって遠い未来のこともある程度わかるはずだと言うのである。吉本道雅が『史記を探る』で指摘しているように、儒家の歴史観は、このような三王朝の交代を歴史の中心的枠組みに据えることによって成り立っている。この枠組みは以後の儒家にも受け継がれることになる。

ただし八佾《はちいつ》篇を見ると、その夏・殷の制度について孔子は次のようにも言っている。

夏の制度について私は語ることができるが、（その子孫の）杞《き》では証拠が足りない。殷の制度について私は語ることができるが、（その子孫の）宋《そう》では証拠が足りない。記録と（そのことを知る）賢人が十分ではないからである。十分であれば私も証拠にできるのだが。

〈夏の礼は吾《わ》れ能《よ》く之を言うも、杞は徴《しるし》とするに足らざるなり。殷の礼は吾れ能く之を言うも、宋は徴とするに足らざるなり。文献、足らざるが故《ゆえ》なり。足らば則ち吾れ能く之を徴とせん。〉

夏・殷のそれぞれの子孫が封建された杞や宋の国においても、既にその祖先の記録などが十分に残されていなかったのである。結局は近い過去である西周の制度を探り、そこから類推するほかないということになる。

それが同じく八佾篇などに見える、「孔子は（周公旦《しゅうこうたん》を祀る）大廟に入ると、（祭祀の手順などについて）細々と質問をした」〈子、大廟《たいびょう》に入りて、事《こと》ごとに問う〉という態度につながったのだろう。魯は周公旦の子孫が建てた国であり、西周の制度をよく保存していたとされる。

†孟子の史料批判――尽く書を信ずれば

『論語』では堯・舜・禹や呉の始祖の泰伯《たいはく》（太伯）など、古い時代の王侯について、ごく簡単な言及がある。同じく儒家に属する『孟子』では、『論語』に見えた夏・殷・周の三王朝交代の枠組みを継承したうえで、古い時代の歴史を更に詳しく語っている。たとえば堯・舜・禹の禅譲や周の武王の克殷《こくいん》、そして前節の『竹書紀年』の項で触れた夏の啓とか殷の太甲の話などである。

その「ネタ元」となるのは『尚書』や『詩経』の諸篇ということになるが、孟子はその記述を盲信したわけではない。『孟子』の尽心下《じんしんげ》には次のような言葉が見える。

『尚書』を鵜呑みにして信じるようなことがあるならば、『尚書』などない方がよい。私は（『尚書』の）武成《ぶせい》篇の中では竹簡二、三片の内容しか信用しない。仁者《じんしゃ》には敵がいないはずである。（しかるに）至仁《しじん》（と言うべき周の武王）が不仁の至り（のような紂王《ちゅうおう》）を伐つのに、どうして兵士の血で杵《きね》が流れるようなことがあるだろうか。

〈尽《ことごと》く書を信ずれば、則ち書無きに如《し》かず。吾、武成に於いて、二三策を取るのみ。仁人《じんじん》は天下に敵無し。至仁を以て至不仁《しふじん》を伐《う》つに、而るに何ぞ其れ血の杵を流さんや。〉

冒頭の「尽く書を信ずれば、則ち書無きに如かず」という言葉はよく知られているが、「書」というのは書籍一般を指すのではなく、『尚書』のことである。その武成篇はほとんど信用できないとして、極めつきの仁者であるはずの武王の軍隊が敵兵を虐殺して戦場が血みどろになるようなことをするはずがないという理由を挙げている。

現行の『尚書』の武成篇は後人の偽作とされるが、孟子の見た武成篇にはそうした記述があったようである。なお、文中の「杵」は餅つきに使う「きね」ではなく、盾を指すという説もある。

歴史学の研究に用いる史料の価値を検討することを「史料批判」と言うが、ここでは武成篇に対する孟子なりの史料批判の意識が示されているわけである。ただし、文中からうかがえるように、その批判の基準は科学的なものとは言えず、多分に主観的なものである。

孟子の歴史観——一治一乱

稲葉一郎が指摘するように、孟子の歴史観を示すものとして、一治《いっち》一乱《いちらん》説がある。『孟子』の滕文公下《とうぶんこうげ》では「天下の生《せい》あるや久し、一治一乱す」〈この世に人間が誕生して久しいが、（その間）治世と乱世とが繰り返されている〉として、以下に堯の時代に起こった大洪水と禹による治水（禹の治水の神話については前章の第一節でそのあらましを解説した）から始まり、洪水が発生すれば治水が行われ、殷の紂王のような暴君が登場すると周の文王・武王のような聖人が現れるといった具合に、古代の歴史を治世と乱世の繰り返しと位置づけている。

そして治世たる西周の世が終わって作られたのが『春秋』であった。同じく滕文公下に言う。

（西周の）世が衰えて（先王の）道が衰微《すいび》すると、間違った議論や乱暴な行いがまた起こるようになった。臣下が主君を殺害するようなことや、子どもが父親を殺害するようなことが起こった。孔子は（このような状況を）憂えて『春秋』を作った。

〈世衰え道微《び》にして、邪説暴行《じゃせつぼうこう》有た作《お》こる。臣、其の君を弑する者これ有り、子、其の父を弑する者これ有り。孔子懼《おそ》れて、春秋を作《つく》る。〉

孔子が乱世たる春秋の世における「邪説暴行」を糾すために『春秋』の筆削を行い、そこに前節で見たような批判の意図を込めたと、孟子は見ているわけである。孟子の中では、「一治一乱」の歴史観と『春秋』に対する史料観とが結びついているのである。

春秋といえば、吉本道雅が指摘するように、「春秋」という時代をはじめて定義したのも孟子であった。告子下《こくしげ》では次のように言っている春秋の五覇は、夏・殷・周三王朝の王の罪人である。今の諸侯は、五覇の罪人である。今の大夫《たいふ》は、今の諸侯の罪人である。
〈五覇なる者は、三王《さんおう》の罪人なり。今の諸侯は、五覇の罪人なり。今の大夫は、今の諸侯の罪人なり。〉

ここでは「三王」「五覇」「今」の三つの時代による区分が提示されている。「三王」は夏・殷・西周の三王朝の時代、「五覇」は春秋時代、そして「今」は孟子の生きた時代であり、戦国時代を指している。春秋時代を斉の桓公、晋の文公よりはじまる五覇の時代と位置づけているのである。この「春秋時代」観が以後も受け継がれることになる。

そして孟子は、乱世を終わらせて治世へと導く聖人《せいじん》の登場をもって時代の画期としている。尽心下《じんしんげ》では、まず「堯舜由《よ》り湯に至るまで、五百有余歳」と、堯・舜と殷の湯王の登場を一つ目の「一治一乱」と位置づけている。ついで「湯由り文王に至るまで、五百有余歳」と、湯王から周の文王までを二つ目の「一治一乱」とし、同様に文王から孔子までの五百有余年を三つ目の「一治一乱」と位置づける。最後に「孔子由りして来りて今に至るまで、百有余歳」と、孔子から孟子の生きる現在までがおよそ百年としている。

孟子は「一治一乱」が五百年周期でやって来ると見ていたようである。そして儒家の祖である孔子を堯・舜や殷の湯王、周の文王と並ぶ存在、聖人として位置づけていたのである。

この種の五百年周期説は『史記』にも見られる。司馬遷の自伝とも言うべき太史公自序《たいしこうじじょ》に、先人の言葉として、「周公が没してから五百年して孔子が現れ、孔子が没してから、現在に至るまで五百年あまりになる」〈周公卒《しゅつ》して自り五百歳にして孔子有り。孔子卒して後、今に至るまで五百有余歳〉という文章が見える。この先人が誰を指しているのかは諸説あるが、司馬遷の父親の司馬《しば》談《たん》のことを指すと見るのが妥当なようである。

ここでも聖人とされる周公旦とともに、孔子が画期となっている。周公旦が前十一世紀後半に生きた人物であり、孔子の没年が前四七九年である。そして文中の「今」を仮に司馬談の没年とされる前一一〇年に設定すると、周公と孔子の間は五百年前後に収まりそうである。しかし孔子と「今」の間は約三百七十年となり、概算としても五百年の幅に収まりそうにない。計算が合わないがゆえに、却ってこれが図式的ながらも一種の歴史観であることがわかるのである。

†墨子の歴史観——万人の万人に対する闘争

さて、今度は墨子について探ってみることにする。墨子は人を平等に愛することを指す兼愛《けんあい》と、侵略戦争を否定する非攻《ひこう》の思想で知られる。その書とされる『墨子』でも詩書が多く引用されている。墨子が当初儒家に学んだという伝承が正しければ、これは儒家の学風を継承したものだろう。

彼が史料の収集に努めたことは、兼愛下の「竹簡や帛書に記録し、青銅や石、あるいはその器に刻み、後世の子孫に伝えられたものによってこのことを知るのである」〈其の竹帛に書し金石《きんせき》に鏤《きざ》み槃盂《ばんう》に琢《たく》し、後世子孫に伝遺《でんい》する所の者を以て之を知るなり〉という言葉からもわかる。「竹帛」や「金石」は確かに後世の子孫である我々にとって古代中国を研究するうえで貴重な史料となっている。

それでは、そのようにして収集された史料から得られる歴史的事実を、墨子はどのように活用しようとしたのだろうか？　稲葉一郎は、墨子には歴史的事実を鑑、すなわち教訓として利用する発想があったのではないかと指摘している。

非攻中では、古《いにしえ》の語として「君子は水を鏡とせずに人を鏡とする。水を鏡とすれば顔の形がわかり、人を鏡にすれば吉凶がわかる」〈君子は水に鑑《かんが》みずして人に鑑む。水に鑑みれば面の容を見《み》、人に鑑みれば則ち吉と凶とを知る〉という箴言《しんげん》を引き、続けて「戦争が利益になると言う者がどうして智伯のことに鑑《かんが》みないのか。鑑みればそれが不吉な凶事であることがわかりそうなものだ」と言っている。

智伯というのは春秋時代の晋国の卿《けい》（宰相格の大臣）である。当時晋には智伯のほか韓氏、魏氏、趙氏と全部で四卿があり、智伯はその中で最も有力であった。彼は国君をないがしろにしたうえ、ほかの三卿に土地の割譲を強要した。韓氏と魏氏は脅しに屈して土地を差し出したが、趙氏は差し出さなかった。そこで智伯は韓氏、魏氏とともに趙氏の守る晋陽《しんよう》へと攻め入った。これが前四五五年〜前四五三年の晋陽の戦いである。

戦いは智伯側に有利に進んだが、趙氏が韓氏、魏氏に離反を促し、最終的に趙氏が勝利を収めて智伯を滅ぼした。非攻中ではこの智伯の末路を引き合いに出して戦争が不吉な凶事であると述べているのである。

歴史を鑑とするという発想については、前節の清華簡『繫年』の項で既に触れた通りである。『繫年』が「鑑」としての歴史の教科書であったかもしれないと述べたが、そういう発想自体は確かに戦国時代には存在したわけである。

墨子の思想としては、最初に挙げた兼愛と非攻のほか、賢人による支配を理想とする尚賢《しょうけん》も有名である。これが墨子の歴史観に関係している。

尚同《しょうどう》上では、刑罰などによる秩序が存在しなかった太古の昔には、人々はそれぞれが銘々勝手なことを主張し、父子兄弟の間柄ですら和合せず憎しみあってお互いに協力しあうということを知らず、そのありさまは禽獣《きんじゅう》の世界のようであったと言う。ホッブズの

『リヴァイアサン』に言う「万人の万人に対する闘争」を思わせるような状態である。この混乱状態を収拾するには、賢人を指導者と仰いで天子とし、その下に三公《さんこう》を置き、地方には諸侯を立て、天下をひとつの意志と価値観に統一しなければならないと言うのである。

これは、時代が下るにつれて賢人によって世の中が治まってくるということになるので、太古に聖人による世を設定し、時代が下るにつれて世の中が乱れていくという尚古《しょうこ》主義に基づく儒家の歴史観とは真逆である。稲葉一郎はこの発想を後世の進歩史観への道を開くものとして評価する。

一方で非命《ひめい》上では、夏の桀王が立って世が乱れると殷の湯王が現れて治世へと導き、殷の紂王が世を乱すと周の武王が天下を治めるという具合に、儒家と同様に一治一乱の歴史観も提示している。稲葉一郎は、前項で述べた孟子の一治一乱説を墨子の影響を受けたものと見る。

そしてこの一治一乱を「天意」の概念と結びつけている。天志《てんし》上では、天意に従う者は相手を分け隔てなく愛し、お互いに利益になることをするので、天から賞を受けるとする。逆に天意に背く者は相手と憎みあい、お互いに傷つけあうので、天から罰を受けるのだと言う。そして禹王や湯王、文王、武王らの聖王は前者に相当し、桀王、紂王、西周の厲王、幽王といった暴君は後者の例となるとしている。

ちなみに禹王、湯王、文王、武王、あるいは桀王、紂王のように、同じようなタイプに属する人物をひとまとめにして扱うのは、古代の文献でしばしば用いられる手法である。

†韓非の歴史観——世、異なれば

次は法家の思想家から韓非《かんぴ》の歴史観について見てみよう。韓非はその著『韓非子』の孤《こ》憤《ふん》篇と五蠹《ごと》篇を秦王政《しんおうせい》、すなわち後の始皇帝が一読して感嘆したことで知られるように、戦国時代末期の思想家である。歴史観に関する記述は多くこの五蠹篇に見える。

その五蠹篇にも、『墨子』尚同上と同様に太古のことについて語っている箇所がある。太古の昔は人口が少なかったので、男が耕さなくても食糧となる草木の実が豊富に存在し、女が織物をせずとも毛皮が十分に得られた。だから人々は争わず、賞罰など設けなくても自然に世が治まった。

しかしそういう状況のもとで、ひとりの人間に五人の子が生まれ、その五人の子にそれぞれ五人の子が生まれるという具合に、ネズミ算式に人口が増えていくと、人口に比して財貨が不足するようになり、労力を掛けても家族を養えなくなった。そこで財貨を求めて人々が争いあうようになり、賞罰を厳重にしても混乱が治まらなかったと言う。

墨子の場合は当初から人々の間で対立があったとしていたのに対し、韓非は時代が進むにつれて「万人の万人に対する闘争」のような状態が生じていったとしており、更に経済的な視点も取り入れている。このような状況で争いを治めるには、韓非の師である荀子《じゅんし》が重視した「礼」、すなわち規範では不足である。そこで彼はより強制力を有する「法」に希望を託すことにしたのである。

五蠹篇の別の箇所では、「時代が異なれば（基準となる）物事も異なる」〈世、異なれば則ち事、異なる〉としており、太古から現代までの状況の変化にともない、「上古《じょうこ》では道徳を競い、中世《ちゅうせい》では智謀を競い、当今《とうこん》では気力を争う」（上古は道徳を競い、中世は智謀を逐《きそ》い、当今は気力を争う）と、それぞれ追い求めるものが変わってくるのだと論じている。

ここでは上古、中世、そして現代に相当する当今の三時代に区分している。更に同篇別の箇所ではこれらの時代の変化をもう少し詳しく述べている。

上古の世では人間が少なく禽獣が多かった。そこで聖人の有巣氏《ゆうそうし》が現れて木を組んで巣を作り、禽獣の害を避けるようにしたので、人々は喜んで彼を王に推戴した。また当時、人々は草木の実やハマグリのような生ものを食糧としていたので、悪臭や胃腸の病に悩まされていた。そこで聖人の燧人氏《すいじんし》が現れ、木と木をこすり合わせて火をおこし、生ものを調理するようにしたので、人々は喜んで、やはり彼を王としたと言う。

時代が進んで中古の世になると、大洪水が起こったが、鯀《こん》と禹が河川の堤を切ってそれを治めた。その次の近古の世では暴君の桀王、紂王が現れ、それぞれ湯王と武王が征伐した。

韓非はこのような時代の変化をふまえ、もし夏王朝の時代に有巣氏のように木で巣を作ったり、燧人氏のように木と木をこすり合わせて火をおこす者があったら、鯀と禹に笑われるだろうし、同様に殷周の時代に治水で堤を切るようなことをすれば湯王や武王に笑われるだろうと言う。当今の世で堯、舜や禹、湯王、武王の道を褒《ほ》め称《たた》える者がいれば、やはり新しい聖人に笑われることになる。よって聖人というのは古に従うものではなく、一定不変の道に則るものでもない。あくまで現在の状況について論じて備えとするのだと結論づける。

ここでは上古、中古、近古、当今の四つの時代を設定し、文明の発展を論じている。上古では食生活と居住環境の改善に貢献した人物が聖人とされ、中古では治水によって自然環境の整備に貢献した人物が聖人とされ、近古では暴君を打倒して政治を改めた人物が聖人とされている。これは上古から当今までの文明史の視点からの整理であると評価できる。

それでは当今から未来へはどのように展望していたのだろうか？　韓非の師であり前の世代にあたる荀子は、将来において天下を治めるべき理想の君主として「後王」を設定していたことが知られている。しかしどの国の君主が「後王」となり得るのかは、荀子の時代にはまだまだ茫洋《ぼうよう》としていたようである。それが韓非の段階になると、「天下統一」が現実的な問題となっていたこともあって、その姿はかなり具体的になっている。

『韓非子』亡徴《ぼうちょう》篇では、木が折れるのは虫食いが原因となり、壁が倒壊するのはひび割れが原因となるが、いくら虫食いがあっても疾風がなければ木は倒れないものであり、壁にいくらひび割れがあっても大雨がなければ倒れないものである。王朝の滅亡もそれと同じで、暴君が散在するなど内部にいくら原因があっても、それを打倒しようとする疾風や大雨に相当する者がなければ、王朝は滅亡しないものであると言う。

稲葉一郎はこの記述について、名目のみの存在となっていた周王朝が前二五六年に秦によって滅ぼされたことを引き合いに出している。周王朝にとって疾風や大雨のような存在となったのが秦というわけである。そして荀子の言う後王、すなわち近い将来において天下の主となるべき存在を、韓非は秦と見ていたのではないかと指摘する。

†『呂氏春秋』の歴史観——五行相勝説

最後に『呂氏春秋』ついて見ておきたい。この文献は、秦の荘襄王《そうじょうおう》を王位に即け、その子の秦王政の宰相となった呂不韋《りよふい》が食客たちに編纂させたものである。『史記』呂不韋列伝によると、「天地・万物・古今の事」を備えた、当時にあっては百科全書のような性質を有する書である。前項で取り上げた韓非とほぼ同時期ということになる。

『韓非子』では古の世を上古、中古などに分けて各時代の状況の違いについて論じていた。『呂氏春秋』では、慎大覧《しんだいらん》の察今《さつこん》篇で「自分のことがわかっていれば他人のこともわかるものであり、今のことがわかっておれば昔のこともわかるものである。昔も今も同じだからである」〈己を察すれば則ち以て人を知るべく、今を察すれば則ち以て古を知るべし。古今一《いつ》なればなり〉と、人間性と同様に時代性も各時代で違いがあるわけではないと述べている。

孝行覧《こうこうらん》の長攻《ちょうこう》篇では『孟子』や『墨子』と同様に一治一乱の歴史観を語っている。これらの文献では、一治一乱は聖王と暴君によってもたらされるとしていた。しかし長攻篇では、桀王と紂王は不肖《ふしょう》（愚か者）ではあったが、彼らの滅亡は湯王・武王が存在したからで、それは天運と言うべきものである。もし湯王や武王が同じ時代に現れなければ、必ずしも滅亡しなかったであろうと述べている。暴君の滅亡は必然的なものではなく、あくまでも偶然によるものと見ているのである。

暴君の存在が必ずしも国家の破綻につながらないという考え方は、政治の劣化が叫ばれる昨今の我が国の状況や、トランプ政権をめぐって揺れ続けたアメリカ、はたまた新型コナ対策に国内外から批判が相次いだ中国の習近平政権の状況を顧みると、学ぶところが多そうである。

それはともかく王朝の交代について、有始覧《ゆうしらん》の応同篇《おうどう》では、従来の文献で見られなかった新機軸を取り入れている。

ここでは、帝王が興ろうとする時に天は必ず祥瑞《しょうずい》を表すものであるとし、五帝に数えられる黄帝《こうてい》の時には、まずミミズやオケラが現れ、黄帝はそれを見て土気が勝っていると判断し、黄色を尊んだとしている。同様に禹の時には、秋や冬になっても草木が枯れず、木気が勝っているということで青色を尊び、殷の湯王の時には、金属の刃から水が生じたということで、金気が勝っており、白色を尊ぶことになった。周の文王の時には、赤烏《せきう》が丹書（朱色の書札）をくわえて、土地神を祀る周の社に集まってきた。そこで火気が勝っているということで、赤色を尊ぶことにしたと言う。

これらのことから、周の次の王朝が興る際には、天は水気に関する祥瑞を表し、その王朝は黒色を尊ぶことになるだろうし、しかるべき者がその祥瑞に気付かなければ、更にその次の王朝のために天は土気に関する祥瑞を表すであろうと述べている。

すなわち「五行相勝説《ごぎょうそうしょうせつ》」（五行相克説《そうこく》とも）を提唱した陰陽家の鄒衍《すうえん》の思想を取り入れ、土→木→金→火→水の気を受けた王朝が順番に興亡すると考えているのである。六国を討伐し、中国統一を果たした秦では実際にこの説を取り入れ、自らの王朝を火徳の周王朝に次ぐ水徳の王朝であると見なし、黒色を尊んだ。この王朝交代と五行相勝説を結びつける考え方は秦の次の漢王朝にも受け継がれることになる。

稲葉一郎は、孟子・墨子・韓非など諸子百家の間で、人類の歴史は未開の混乱した状況から、一治一乱を繰り返しつつ次第に進歩・発展してきたという歴史観が継承されてきたが、『呂氏春秋』に至り、王朝交代の理論として五行説が導入されることにより、歴史観は五行の循環論の中に封じ込められることになったと指摘している。

『呂氏春秋』は諸子百家による歴史観の展開を良きにつけ悪きにつけ総決算したと言えるが、歴史叙述自体についても同じ評価ができる。稲葉氏によると、戦国時代においては、『孟子』以来、『尚書』『詩経』をはじめとして多数の文献から上古以来の記事を彼らなりの史料批判を経て精選し、それらに基づいて各自の主張を行うという方法が採られてきた。それが百科全書的な作りの『呂氏春秋』では、多くの記事をパターンに応じてグルーピングし、たとえば音楽に関する篇なら音楽に関する記事、戦争に関する篇なら戦争に関するものといった具合に、それぞれの篇のテーマに合わせた記事を集めて整理したうえで議論を展開するという方法が採られている。

この史料批判による精選に対する総合と分類の傾向は、『呂氏春秋』ほど顕著ではないものの、『韓非子』にも見られる。同書の内儲説《ないちょぜい》・外儲説《がいちょぜい》の諸篇では、やはりそれぞれのテーマに応じた説話を集めて議論を展開している。そしてこのような叙述の手法は次の時代に受け継がれることになるのである。

第四章

そして『史記』へ――秦～前漢時代

1　古代の書籍の形態とあり方

†統一帝国の成立

燕・斉・楚・韓・魏・趙・秦の、いわゆる戦国の七雄のうち、遊牧民の国々など「中国」の外側の世界と接する燕・趙・楚・秦が征服活動によって版図を広げ、「小帝国」とも言うべき勢力となっていく。

この四つの国のうち、特に軍事力に秀でていたのは、後に始皇帝を輩出する秦と、遊牧民の習俗を取り入れて胡服騎射《こふくきしゃ》の改革を実行した武霊王《ぶれいおう》の趙《ちょう》である。その両国が雌雄を決することになったのが、前二六二年から前二六〇年にかけての長平《ちょうへい》の戦いである。この戦いで勝利を収めたのは秦であった。この時に秦側の大将の白起《はくき》が降伏してきた趙側の兵士四十万人を尽く生き埋めにしたという凄惨な話はよく知られている。

ともかくこの戦いの勝利によって秦一強の状態となり、単独で秦に対抗できる国が存在しなくなった。そして前二三〇年、あるいは前二三一年の韓の滅亡を皮切りとして、十年程度の間に秦によって六国が次々に滅ぼされていき、前二二一年に秦によって「中国」が統一された。

統一秦の初代君主となったのが秦王政《しんおうせい》、すなわち始皇帝である。それまで使われていた王号の上位の君主号としての皇帝号の導入、世襲を前提とした諸侯封建にかわる、中央の任命した官吏による郡県制のもとでの地方統治、各国でバラバラであった度量衡や文字、貨幣の統一など、始皇帝は様々な政策を導入していく。

その諸政策の中で、歴史書の編纂という観点から重要となるのが、思想統制のための政策と位置づけられる「焚書《ふんしょ》」である。「坑儒《こうじゅ》」とセットで「焚書坑儒」と呼ばれることが多い。政策として特定の書籍の所有を禁止して燃やすということは、当然次の前漢の時代の司馬遷による『史記』の編纂にも影響を与えることになる。『史記』の編纂にあたっては、様々な書籍を参照する必要があったからである。我が国の『古事記』などは、稗田阿礼《ひえだのあれ》が暗誦していた内容を太安万侶《おおのやすまろ》が筆録して成立したと古くから伝えられてきたが、『史記』はそういうものではないのである。

しかし焚書について見ていく前に、我々は当時の書籍のことをどれだけ知っているのだろうか？　迂遠《うえん》なようだが、本章ではまず中国古代の書籍のあり方を確認するところから話を始めたい。

†紙以前の書写媒体

序章でも述べたように、中国で紙が発明されて普及するまで書写媒体として用いられてきたのは、竹片や木片による簡牘《かんとく》と絹の布による帛書《はくしょ》であった。当然書籍に用いられるのも、この二つであったということになる。このうち簡牘の形状については序章で挙げた図0−4−1を参照。そこでも説明したように、簡を順番に紐で編み、円筒状に巻いて保存する。この時に本文が書かれている面を内側にする。巻いて表側に来る簡に書題や篇題が書かれているものも存在する。帛書の形状については後文で挙げる図4−1をご覧頂きたい。

紙は後漢（二五年〜二二〇年）の蔡倫《さいりん》が発明したと言われてきたが、これはあくまで伝説である。中国西北地域で蔡倫より時代がさかのぼる前漢時代の古紙が複数発見されている。ただ、紙は最初から書写媒体として使用されてきたわけではない。簡牘学・法制史研究で著名な冨谷至によると、当初は物品を包装するために用いられたとのことである。その後製紙法に改良が加えられ、書写媒体として用いられるようになった。蔡倫は紙の発明者ではなく、書写媒体としての使用に堪《た》える紙の改良者であるというのが、正確なところのようである。

しかし紙が書写に用いられるようになっても、すぐに簡牘や帛書に取って代わったわけではない。紙と併用される時期が長く続き、特に簡牘は魏晋のころまで使われ続けることになる。『晋書《しんじょ》』文苑伝《ぶんえんでん》によると、西晋《せいしん》の時代の文人である左思《さし》の詩賦「三都賦《さんとのふ》」が評判になると、人々が先を争ってこれを書写しようとしたので、都の洛陽では紙不足となってその価格が上がったという。ここから「洛陽の紙価《しか》を高からしむ」という故事成語が生まれた。

西晋のころには、少なくとも洛陽のような都市では詩賦も含めて書籍に属するものは紙に書写されることが多くなっていたようである。ただし『晋書』は唐代に編纂された史書であるので、この話が必ずしも同時代の状況を伝えたものとは限らない。

そして官吏が作成する戸籍など公的な記録や文書については、なお簡牘が利用されることが多かった。魏晋のころのものとしては、湖南省長沙《ちょうさ》市の走馬楼《そうまろう》から三国の呉《ご》（二二二年～二八〇年）の記録・文書類にあたる簡牘が発見されている。冨谷至によると、戸籍などの作成で紙が簡牘に取って代わるのは東晋《とうしん》の時代（三一七年～四二〇年）になってからではないかということである。

†帛書と簡牘

紙以前の時代の書写媒体のうち、帛書については現存しているものは二例しかない。ひとつは第三章第一節の『春秋事語』の所で触れた長沙市で出土した馬王堆漢墓帛書《まおうたいかんぼはくしょ》である（図4-1）。前漢初期、有名な項羽と劉邦の戦いからそう遠くない時期のものである。『春秋事語』のほか、『戦国策』に類する『戦国縦横家書《せんごくしょうこうかしょ》』や『老子』（甲本と乙本の二種がある）、『周易』のように伝世文献に見える書籍もあるが、黄老《こうろう》思想（漢初に流行した道家思想の一派。道家が尊ぶ黄帝《こうてい》と老子から採った呼称）の書である『経法《けいほう》』『十六経《じゅうろくけい》』『称《しょう》』『道《どう》原《げん》』、天文気象に関する占卜の書『天文気象雑占《てんもんきしょうざつせん》』、医学書の『五十二病方《ごじゅうにびょうほう》』など、未知の書籍も多く含まれている。また、気功による体操を図示した『導引図《どういんず》』や地図にあたる『地形図』もある。

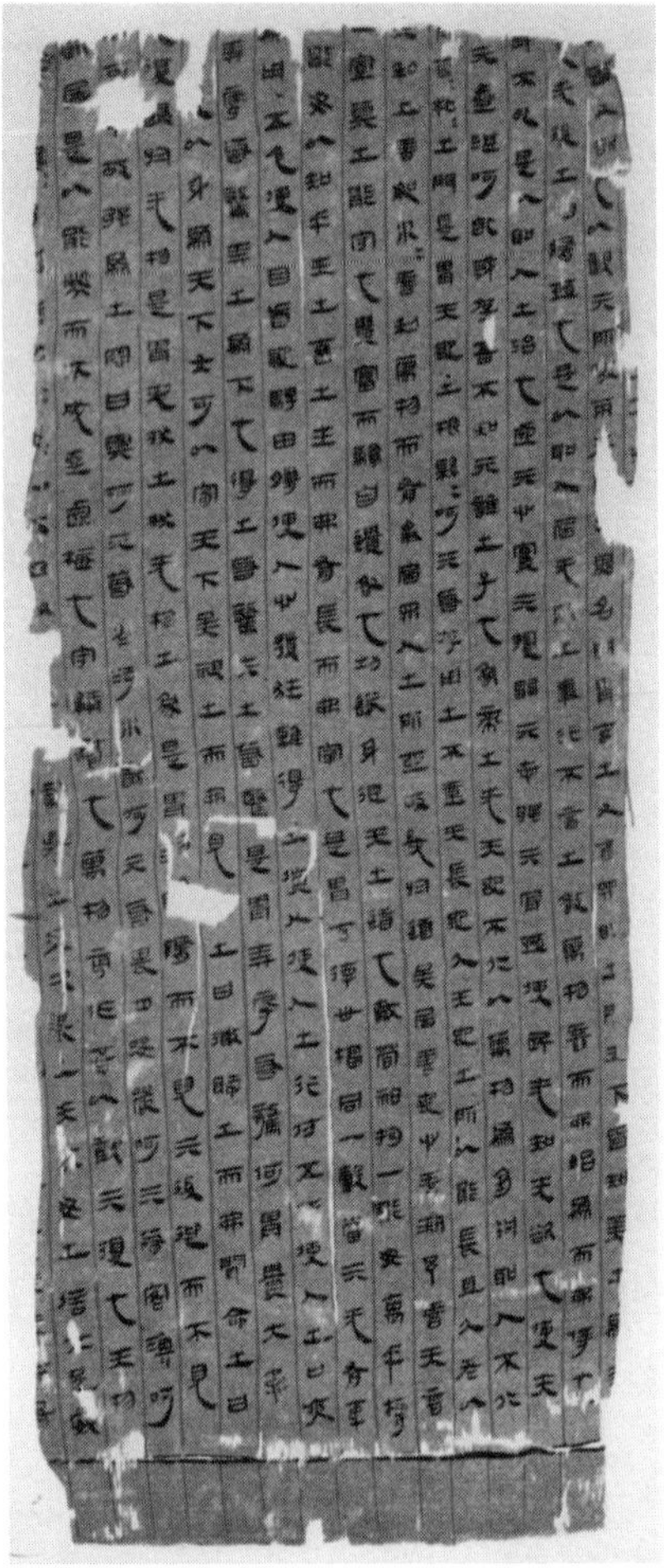

図 4-1　馬王堆漢墓帛書（『老子』乙本）

もうひとつは一九四二年に同じく長沙市で発見されたと伝えられる子《し》弾庫《だんこ》楚《そ》帛書《はくしょ》である。これは戦国時代のものとされ、当時楚の国で信仰されていた神々の図像や、神話伝説などに関する文章を記したものである。

地中で腐敗しやすく現代まで残りづらい帛書と比べて、簡牘による書籍は比較的多く発見されている。それでも戦国時代までさかのぼるものはそれほど発見されなかった。しかし一九九三年に湖北省荊門《けいもん》市の郭店楚墓《かくてんそぼ》から戦国時代中期の竹簡（これを郭店簡と呼ぶ）が発見されると、続々と戦国竹簡の存在が報告されるようになった。第二章、第三章で紹介・引用してきた上博簡、清華簡などがそれにあたる。

ただ、上博簡など所蔵機関の名称を冠するものは郭店簡のような考古学的な発掘によって発見されたものではなく、盗掘によって世に出て研究機関のコレクションとなったものである。またこれまで発見されているものは、秦漢時代の簡牘が公的な記録や文書の占める割合が大きいのと違って、書籍に属するものが多いのも特徴のひとつである。

戦国時代の書籍簡としては、たとえば郭店簡では『老子』（甲本・乙本・丙本の三種がある）、同じく道家に属する文献の『太一生水《たいいつせいすい》』、現行の『礼記』の一篇となっている『緇《し》衣《い》』（『緇衣』は上博簡にも存在する）、儒家に属する『五行《ごこう》』（馬王堆漢墓帛書にも存在する）、変わったところでは箴言集とも言うべき『語叢《ごそう》』四種がある。

郭店簡以外では、前章までで紹介・引用してきた上博簡の『孔子詩論《こうししろん》』『成王為城濮之《せいおういじようぼくし》行《こう》』〈成王、城濮の行を為す〉、清華簡の『楚居《そきよ》』『繋年《けいねん》』『鄭武夫人規孺子《ていぶふじんきじゆし》』〈鄭の武夫人、孺子を規す〉、安大簡の『詩経』『仲尼曰《ちゆうじえつ》』などがある。

秦漢時代のものとしては、秦の時代の官吏の心得を記した睡虎地秦簡《すいこちしんかん》の『為吏之道《いりしどう》』

〈吏為《た》るの道〉、現行の『孫子』にあたる孫武《そんぶ》による『呉孫子』とは別に、その子孫とされる孫臏《そんぴん》による『斉孫子』が存在していたとして話題になった、銀雀山漢簡《ぎんじゃくざんかんかん》の『孫臏兵法』、武威漢簡《ぶいかんかん》の『儀礼《ぎらい》』（儀礼の手順に関する儒家の書で、伝世文献にも存在する）、始皇帝に仕えた李斯《りし》が作ったとされる字書である北大漢簡《ほくだいかんかん》（北京大学蔵西漢竹書《ぺきんだいがくぞうせいかんちくしょ》）の『蒼頡篇《そうけつへん》』（この書はほかにも出土例がある）および、始皇帝の異伝について記した、同じく北大漢簡の『趙《ちょう》正書《せいしょ》』などが知られている。

†書籍簡の書題・篇題

書籍簡の題目を色々と挙げたが、実のところ簡牘に書題を記しているものはそれほど多くない。前項に挙げた中で書題が記されているのは、馬王堆帛書の『経法』『十六経』『称』『道原』と北大漢簡の『趙正書』だけである。なお北大漢簡の書籍簡では、『老子』にも「老子上経」「老子下経」と書題および篇第が見える（図4－2）。

現行の『尚書』金縢篇に相当する清華簡の『周武王有疾周公所自以《しゅうぶおうゆうしつしゅうこうしょじい》代王之志《だいおうしし》』〈周武王、疾有りて周公の自ら以て王に代わらんとする所の志〉のように、伝世文献とはまったく異なる題がつけられている書籍も存在する。これはあるいは書題ではなく篇題であるかもしれないが、銀雀山漢墓で発見された木牘に「九地《きゅうち》」「用間《ようかん》」など現行の『孫子』の篇名が羅列されているように、篇題が記載されているものも存在する。

その他の書籍簡については、『孔子詩論』や『繫年』のように書籍の内容、性質から名づけたり、『成王為城濮之行』『鄭武夫人規孺子』のように冒頭や文中の句を採って便宜的に名づけられたりしている。これは伝世文献での篇名の命名法に倣ったものである。たとえば『論語』の最初の篇である学而《がくじ》篇は、篇の冒頭の「学而時習之、不亦説乎」〈学びて時に之を習う、亦《ま》た説《よろこ》ばしからずや〉の「学而」から命名されたものである。以下、為政《いせい》篇、八佾《はちいつ》篇と続いて最後の堯曰《ぎょうえつ》篇に至るまで同様の方式で命名されている。

『尚書』の金縢篇では書題（あるいは篇題）のブレが見られた訳だが、伝世文献でもこの

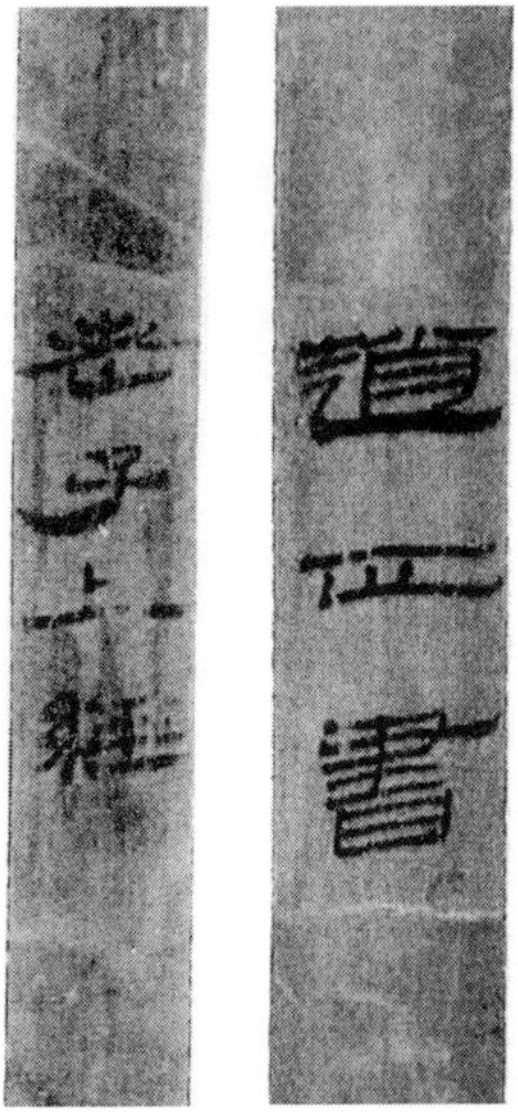

図4-2　北大漢簡所収文献の書題・篇題。左は4-2-1老子上経、右は4-2-2趙正書

種のブレが存在する。たとえば戦国時代の遊説家《ゆうぜいか》による弁舌や対話を集めた『戦国策《せんごくさく》』（ちなみに「戦国時代」という時代名の由来でもある）には、「国策《こくさく》」「国事《こくじ》」「短長《たんちょう》」「事語《じご》」「長書《ちょうしょ》」「修書《しゅうしょ》」といった様々な名称を持つ異本があったことが知られている。これらを前漢末に劉向が整理校定した際に『戦国策』と名づけたのである（補足しておくと、秋山陽一郎によれば、現行の『戦国策』は、後述の劉向《りゅうきょう》による校定の際に「国別者八篇」と呼ばれるテキストを底本としたということである）。

†随意に付けられる書題

前項の『周武王有疾周公所自以代王之志』を書題と見なすか篇題と見なすか、言い換えると、これを『尚書』の一篇と見なすか単独の書籍と見なすかは、難しい問題である。帛書の場合も同様の問題がある。馬王堆帛書の『経法』『十六経』『称』『道原』についても、この四つが黄老思想に関係するものであることから、これらを『漢書』芸文志に著録される佚書の『黄帝四経《こうていしけい》』の篇にあたると見なす論者が多いが、反対意見もある。中国古代思想史の大家であった金谷治は、この四篇の内容を分析し、これらをひとつのまとまった書籍と見るには無理があると主張する。

近代の文献学者である余嘉錫はその著書『古書通例』の中で、古い時代の書籍は現在通行している漢籍のように多数の篇をまとめた形ではなく、単篇、あるいは少数の篇をまとめた形で流布することが多かったと指摘している。

たとえば五経の中では『礼記』にそれが顕著である。先に触れたように現在発見されている戦国竹簡を見ると、緇衣篇が単独で流布していたことが知られる。現在の『礼記』の一篇として通行するようになるのは、前漢時代に戴聖《たいせい》が『緇衣』など礼にまつわる単篇の文献を一書としてまとめてからである。

秋山陽一郎は出土文献の書籍の形態について検討し、古い時代の書籍は多くの場合、篇章の構成や字句が流動的で、基本的に所蔵者が入手した書籍を、儒家に属するもの、道家に属するもの、あるいは後代の『尚書』の諸篇のような上古の帝王の言行録、はたまた自分の仕える国の歴史的な説話といった具合に、内容的に一定の関連性がある書籍を取りまとめて私的な編集物として仕立てていたのではないかと推測する。現代で言えば、中・短編小説のアンソロジーを自分でまとめるような感覚である。

そして書題・篇題についても秋山氏は多分に便宜的な呼称であって、必ずしも定着した呼称ではなかったとしている。金縢篇の『周武王有疾周公所自以代王之志』についてもこれで説明できるだろう。おそらく所有者が書籍の内容を汲んで仮に名づけたものだったのである。それが後世「金縢」と呼ぶ者が多くなり、篇名として定着していくことになったのだろう。

その一方で、当初から複数篇の書籍として定着していたように見えるものも存在する。たとえば前項で触れた『老子』や『孫子』などである。

しかし『老子』については、戦国時代から前漢時代にかけて構成にかなり変化がある。現行の『老子』は全八十一章から成り、前半三十七章の道経《どうけい》と後半四十四章の徳経《とくけい》の上下二篇に分けられている。この書が『老子道徳経』とも呼ばれている所以《ゆえん》である。

しかしこの構成は初めからそのようになっていたわけではない。現在知られている『老子』の最古のテキストは戦国時代の郭店簡本である。これは前述したように甲本・乙本・丙本の三種が出土しているが、それぞれ書題・篇題が見られない。そして現行本の一部の章が記述されているだけで、章の順番も基本的にはバラバラである。これは全八十一章からの抜き書きであると主張する論者もいるが、まだ『老子』のテキストが現行本のようにまとまったものになっていなかったと見た方がよいだろう。

前漢時代のテキストとしては、現在までに漢初の馬王堆帛書本と、北大漢簡本とが発見されている。馬王堆帛書本は、やはり前述したように甲本と乙本の二種がある。ここではじめて八十一章分の内容が出揃うことになる。ただ、甲本・乙本とも章の順番が逆になっている。甲本には篇題が見られないが、乙本には両篇の末尾にそれぞれ「徳三千卌《よんじゅう》一」

「道二千四百卄六《にじゆう》」と、篇名と各篇の字数が記録されている。

北大漢簡本になると、前文で触れたように各篇の最初の竹簡の背面に「老子上経」「老子下経」と、『老子』という書題・篇題が記録されている。ただし篇の順番はやはり現行本とは逆になっている。

現在見られるテキストでは、『老子』という書名が確認されるのは前漢武帝期以後ということになる。北大漢簡の著述年代の上限は武帝期とされているからである。それ以前は、遅くとも前漢の初めには篇名が「徳」「道」と呼ばれていたことがわかるものの、この書が『老子』と呼ばれていたか、更には老子、老耼《ろうたん》などと呼ばれる特定の個人と結びつけられていたかはわからないわけである。前漢時代までの書籍には、常にこの種の問題がつきまとっている。

†劉向・劉歆の校書事業

この種の曖昧さが解消されていくきっかけとなったのが、これまで何度か名前を出してきた前漢末の劉向・劉歆《りゆうきん》父子による校書《こうしよ》事業である。この二劉《にりゆう》は当時宮廷で所蔵されていた書籍の整理・校勘《こうかん》を行い、各書籍の解題《かいだい》を作成し、宮廷の蔵書目録を作成した。

校勘というのは、書籍の複数の異本を付き合わせて字句などの異同を正すことである。

解題、すなわち書籍や編著者の解説にあたるのが劉向の『別録』であり、目録の方が劉歆の『七略』である。現在は両方とも散佚してしまっているが、『七略』の方はこれまた本書で何度か触れてきた『漢書』芸文志にその成果が取り入れられている。

劉向・劉歆の校書事業は、これにより前漢までに編纂された多くの書籍の書題、篇章、字句が定まり、更には六芸《りくげい》（儒家の経典）、諸子、詩賦、兵書、数術（術数とも。暦算・占術）、方技（医学書）など、その書のジャンルが確定したという意味では、文献学的に大変重要な意義を有しているのであるが、本書の主題からは外れるので詳しくは触れない。興味のある方は古勝隆一『目録学の誕生』など目録学の入門書や、秋山陽一郎『劉向本戦国策の文献学的研究』など関連の研究をご参照頂きたい。

2　焚書坑儒の再検討

†焚書のおこり

以上のような当時の書籍のあり方を確認しておいたうえで、始皇帝の焚書の話に入る。

『史記』秦始皇本紀および李斯《りし》列伝によると、事の起こりは始皇三十四年（前二一三年）、始皇帝が咸陽宮《かんようきゅう》で七十人の博士のために酒宴を開いた際の論争である。この時にまず僕射《ぼくや》の官の周青臣《しゅうせいしん》が、始皇帝による天下の平定と蛮夷の放逐、そして諸侯封建を廃止して郡県制を導入したことを褒め称えた。

しかし儒家の多い斉の地の出身である博士淳于越《じゅんうえつ》がそれを聞きとがめた。そして長く続いた殷周王朝はどちらも王室の子弟や功臣を諸侯として王の藩屏《はんぺい》としたものであり、秦もそれに倣《なら》うべきである。周青臣の言葉は主君におもねるものにすぎないと反論した。儒家思想になじむ淳于越には、封建制の廃止を讃《たた》える周青臣の態度が許せなかったのである。

始皇帝はこれについて臣下に議論させ、丞相《じょうしょう》（宰相）の李斯が発言した。彼が言うには、淳于越の言うようなことは遥《はる》か昔の夏殷周の三代の世のことであり、今手本とするに足りない。士人が法令を学んで禁令に触れないようにしているのに、学者だけは今を師とせずに古に学び、そして当世のことを誹《そし》って民衆を惑わしている。このようなわがまま勝手を許しておけば、君主の権威が衰え、秩序が保てないということで、焚書を提案することとなったのである。

そしてここからが焚書の具体的な内容である。秦始皇本紀の文章を引用する。

私はこのようにして頂きたいと思います。史官による『秦記』以外の書はみな焼くようにしましょう。また博士官が職務上所蔵するもの以外に、民間で『詩経』『尚書』、諸子百家の書を所蔵している者がおれば、すべて郡の長官や軍官に提出させて焼いてしまうようにしましょう。（そのうえで）『詩経』や『尚書』の文句を語り合う者がおれば、棄市《きし》の刑（市場で死刑にしてさらしものにする刑罰）に処すようにしましょう。昔のことを持ち出して今の政道を誹る者は族滅《ぞくめつ》（連座により一族もろとも処刑する刑罰）するようにしましょう。官吏が関知していながら見逃すようなことがあれば同罪にしましょう。命令が下ってから三十日以内に焼却しない場合は、入れ墨して労役刑に処し、築城に従事させるようにしましょう。禁令の対象外となる書籍は、医薬、卜《ぼく》筮《ぜい》、農業に関する書です。もし法令を学びたいという者がおれば、官吏を教師とさせるようにしましょう。

〈臣請うらくは、史官の秦記に非《あら》ざるは皆な之を焼かん。博士官の職とする所に非ずして、天下敢えて詩・書・百家の語を蔵《ぞう》する者有らば、悉《ことごと》く守《しゅ》・尉《い》に詣《いた》りて雑《まじ》えて之を焼かん。敢えて詩書を偶語《ぐうご》する者有らば、弃市せん。古《いにしえ》を以て今を非《そし》る者は族《ぞく》せん。吏の見知して挙げざれば与《とも》に罪を同じくせん。令下《くだ》りて三十日にして焼かざれば、黥《げい》して城旦《じょうたん》と為さん。去らざる所の者は、医薬・卜筮・種樹《しゅじゅ》の書なり。若《も》し法令を学ぶ

こと有らんと欲すれば、吏を以て師と為さしめんことを、と。〉

文中にある『秦記』とは、第三章第二節で触れた秦の年代記のことである。この李斯の上奏が始皇帝によって裁可された。その結果として作られた法律が挟書律《きょうしょりつ》である。稲葉一郎によると、始皇帝は統一した当初は、淳于越ら学者たちを博士の官に任命し、儒家も含めて学者や学術に敬意を払い、彼らを顧問のような立場にして、自由な議論を許していたということである。しかしこの挟書律の施行により、学者への扱いが一変することになる。

官吏の言葉に学者が反発したぐらいでこのような政策を提案するとは、李斯の反応は随分大げさで唐突な感じがする。しかし秦の国で編纂された『呂氏春秋』や、李斯と同門であったとされる韓非の著書（二人は性悪説で知られる荀子《じゅんし》の弟子であったとされる）には、遊説家が君主の前で様々な意見を述べ、そのことにより政治が混乱することを戒める文章がいくつか見られる。李斯はそのことが念頭にあったのかもしれない。

†なぜ焚書が行われたか？

ただ、焚書が行われた目的や焚書の実際、影響については論者によって意見が分かれている。それをひとつずつ見ていこう。まずは挟書律の目的である。一般に焚書は、始皇帝による暴政のひとつであるとされている。そして法家思想の立場からの思想統制であり、焚書の対象に儒家の経典である『詩経』や『尚書』が名指しされていることから、坑儒とともに儒家に対する弾圧であると考えられがちである。

始皇帝が、法家の代表的な思想家である韓非の著書を一読して感嘆し、彼を登用しようとしたという話はよく知られている。だから焚書坑儒も法家思想の立場からの施策であるものとされてきたのである。

しかし稲葉一郎はそうではないと指摘する。稲葉氏は李斯の提案のうち、特に最後の法令を学びたいという者がおれば官吏を教師とさせるという点と、例外的に博士官だけは『詩経』や『尚書』の所蔵を許されていたという点に注目する。

そして統一が成って間もない政情がまだまだ不安定な時期に、法令が発布されるたびに学者がそれを批判し、民間の世論を煽るような状況を、始皇帝は是正しようと考えた。そこで中央政府の政策を民衆に正当かつ広範に理解させるために、こういう形で秦の法令そのものを学習することを推奨し、そのうえで正規の学問を志す者には博士官のもとで勉学を行う道を開いたのであると理解する。

要するに焚書は思想統制・弾圧というよりも、政府にとって不都合な社会・思想状況を改めるための政策であったと主張するのである。昨今ＳＮＳでの議論を見ていると、マスコミや有識者による政府への批判に反発したり冷笑したりするような風潮が高まっているようであるから、仮にこうした政策が日本で導入されるとなると、思想統制や弾圧ではないという説明に素直に納得し、大手を振って支持する人々が多いかもしれない。

しかし思想統制というのはここで説明したような政策も含まれるのではないだろうか？ 一歩譲って思想統制や弾圧ではないと認めたとしても、言論統制であるという批判は免れまい。実は稲葉氏は筆者の母校在籍時の教員だったのだが、ここで参照した論文「秦始皇の思想統制について」を読み返してみて、このことについて確認してみたくなった。しかし稲葉氏は既に亡くなられており、今となってはそれはかなわぬ願望である。

一方で、焚書の目的について異なる説明をする研究者も存在する。秦代・始皇帝研究の第一人者である鶴間和幸である。鶴間氏は先に引いた咸陽宮での議論の中で、周青臣が始皇帝による天下の平定と蛮夷の放逐、すなわち始皇帝による軍事的成功を讃えたということに注目する。

淳于越はその周青臣の言葉に反発したということであった。「中国」の統一は既に成ったとはいえ、戦争はそれで終わりとはならず、今度は北方の騎馬遊牧民の勢力である匈奴《きょうど》との戦いが進められていた。周青臣の言う「蛮夷」とは主に匈奴を指しているのであろう。当然民衆の兵役、更には労役や税制への負担が重くなる。鶴間氏は、李斯は学者たちが詩書や諸子の言葉をもとに民衆に対して政治的発言をすることを問題視し、特に匈奴との戦争批判の言論を抑えにかかろうとしたのだと理解する。

特に『詩経』と『尚書』が狙い打ちで禁書に指定されたのは、『詩経』には政治への風刺や批判が込められた詩が多い。また『尚書』は古帝王の言葉を収めて賛美したものである。古帝王や古の政治を賛美することは今の為政者や政治への批判につながる。どちらも書籍の性質からして政治批判につながりかねないものだと判断したのだというわけである。

†焚書の影響

どちらの理解を採るにしても、秦は焚書によって政治批判を抑え込もうとしたことになる。それではその効果のほどはどうだったのだろうか?

これに関してよく言及されるのは、挟書律が発布されると、秦の博士官だった伏生《ふくせい》（伏《ふく》勝《しょう》）が自宅の壁の中に『尚書』を埋めて隠したことである。稲葉一郎の指摘するように、この話から、たとえ博士官であっても個人で私的に禁書となった書籍を所有できなかったことがわかる。所蔵が許されたのは、おそらく政府が指定した書庫や学校などの機関に限られていたということなのだろう。伏生は次の漢の時代になって世の中が治まってから書物を取り出したが、多くの篇が失われ、ただ二十九篇を得たのみであったという。

実は挟書律が廃止されたのは、前漢の二代目恵帝《けいてい》の時代であった。初代の劉邦が秦を滅ぼした際に、秦の法律を廃止して単純明快な「法三章」を定めて民衆の支持を得た話がよく知られているが、実際には漢王朝は挟書律を含めた秦の法律を暫時踏襲したのである。挟書律が廃止されたのちに、第五代の文帝《ぶんてい》は老人となっていた伏生が『尚書』に詳しいと聞くと、後に酷吏《こくり》として知られるようになる鼂錯《ちょうそ》（晁錯とも）を派遣して『尚書』を学ばせた。伏生が壁の中に埋めた『尚書』は簡牘か帛書に、古文《こぶん》と呼ばれる古い書体で書かれていた。古文で書かれた『尚書』を古文尚書と呼ぶ。そして鼂錯は伏生に学んだ『尚書』の内容を、当時の通行の書体である隷書《れいしょ》で書き写し、宮廷の蔵書とした。これを今文《きんぶん》尚書と呼ぶ。

ほかにも伏生と同じように焚書に際して書籍を隠した者が存在したようである。文帝の次の景帝《けいてい》の時代には、皇族の魯《ろ》の共王《きょうおう》が宮殿の造営のために孔子の旧宅を取り壊させた際に、壁の中から『尚書』『礼記』『論語』『孝経《こうきょう》』といった儒家の書が発見された。これらも古文で書かれたテキストであったとされる。これらはまた孔子の旧宅から出たということで、孔壁書《こうへきしょ》とか孔壁古文などと呼ばれる。その後もやはり皇族の河《か》間献王《かんけんおう》が民間から古い書物を収集し、古文で書かれた『尚書』や『周礼』などを得たという。

こうして古文による書が充実してくると、儒家の書について、今文のテキストと古文のテキストのどちらを尊重するべきかという論争がおこるようになった。これを今古《きんこ》文《ぶん》論争と呼ぶ。古文のテキストに関しては、当然その真偽も問題になる。特に『尚書』に関しては、双方のテキストに文字の異同などがあり、更に古文『尚書』が今文『尚書』に存在しない篇を含んでいるということで大きな論争となった。

つまりは始皇帝の焚書が次の前漢の時代に儒家の経典、特に『尚書』のテキストの優劣をめぐる論争を引き起こすきっかけとなったわけである。この論争は以後の時代にも引きずることになったので、影響は甚大である。

なお、司馬遷は『史記』の中で五帝から西周時代のことを記述する際にしばしば『尚書』を参照している。司馬遷の時代には既に古文尚書とされるものがいくつか発見されていたわけであるが、彼が参照したのは基本的に伏生に由来する今文のテキストであったとされる。

『尚書』以外では、『史記』六国年表の序によると、焚書によって『秦記』以外の戦国時代の諸侯の史記（ここでは司馬遷の書ではなく歴史書一般の意味）も失われたとのことである。しかも六国の歴史書については周王室のみに所蔵されていたため、『尚書』のように民間から出現するということもなく、完全に滅びてしまったと述べている。

『史記』の中の戦国時代の年代には様々な不備があることが知られているが、六国の歴史書が失われてしまって年代に関する記録が不足していたことが原因であると指摘されている。

稲葉一郎は、「秦火《しんか》によって多数の書物が焼かれたことも事実であろう」（秦火とは秦の時代の焚書のことである）としつつも、前漢になって挟書律が解除され、朝廷が民間からの書籍の献上を奨励すると、各地から続々と書籍が献上されたことに触れ、これは秦の焚書が徹底しなかったことを示すものであると評価している。

†焚書の実際

それでは当時の書籍簡や帛書から挟書律の運用の状況を見出すことは可能だろうか？秦の時代の帛書は発見されていないが、湖北省の睡虎地秦簡《すいこちしんかん》をはじめとして、簡牘は複数出土している。しかしそれらから焚書の状況を見出すのはかなり困難である。

というのは、前述したように始皇帝が焚書を裁可したのは始皇三十四年であり、それまでは学術や思想について割合に自由な議論が許されていたとされる。だから秦の時代の書籍簡に、挟書律にそぐわないような内容や記述があったとしても、それが焚書以前のものであれば、特に異とするに足りないということになるからである。

たとえば睡虎地秦簡には、官吏の心得を記した『為吏之道』〈吏為たるの道〉という書籍が含まれている。湖南《こなん》省の岳麓書院《がくろくしょいん》蔵秦簡の『為吏治官及黔首《いりちかんきゅうけんしゅ》』〈吏為りて官及び黔首を治む〉、北京大学蔵秦簡の『従政之経《じゅうせいしけい》』〈政に従うの経〉など同種の書籍が複数発見されているので、当時この種の書籍が地方の官吏に広く読まれていたようである。

このうち『為吏之道』と『為吏治官及黔首』について、鶴間和幸『始皇帝の愛読書』では、『論語』を踏まえたような文言や思想が見られ、民衆への慈愛を説くなど、始皇帝が尊んだとされる法家による法治ではなく、儒家の重視する徳治の考え方がうかがわれると指摘する。

『為吏之道』では、たとえば「主君が(臣下に対して)恵み深くて臣下が忠義であること、(父が子に対して)慈愛深くて子が孝行であることは、政治の根本である」〈君、恵《けい》にして臣、忠なる、父、慈《じ》にして子、孝なるは、政の本なり〉という言葉が見える。鶴間氏はこれを『論語』顔淵《がんえん》篇に見える、孔子が斉の景公から政治について問われた際の言葉である「主君は主君として、臣下は臣下として、父は父として、子は子としてあることです」〈君、君たり、臣、臣たり、父、父たり、子、子たり〉に通じる発想であると評価する。

そして『為吏之道』など秦の時代の文献は、その著述年代が焚書以前か以後かで区分する必要があると言う。睡虎地秦簡については焚書以前のもののようである。

『従政之経』については、この文献を紹介した北京大学の朱鳳瀚は、諸子百家の書や『詩経』からの引用と見られる文言や、『論語』を踏まえたような表現が見られると指摘し、この書の成立が焚書以前であると指摘している。このように同時代の書籍であっても、その著述年代がはっきりしなければ、そこから焚書の影響を見出すことができないのである。

始皇帝のあとは秦の滅亡、項羽と劉邦の対立など戦乱が続いた。戦乱によって書籍が散佚するというのも古今東西よく見られることである。焚書を「秦火《しんか》」とも呼ぶのに対して、項羽が秦の宮殿を焼き、宮廷所蔵の書籍が焼失したことを指す「項火《こうか》」という言葉もある。焚書や戦乱によって一定程度の書籍は確かに失われたのだろうが、書籍の散佚はそれだけが原因ではあるまい。別に焚書や戦乱などがなくても、書籍というものは放っておいても失われるものである。

重要な書籍の散佚というのは日本でも存在した。たとえば『風土記《ふどき》』は元来すべての地方で編纂されたとされているが、現在完本として残されているのは『出雲国《いずものくに》風土記』のみである。そのほかは『播磨《はりま》国風土記』『肥前《ひぜん》国風土記』『常陸《ひたち》国風土記』『豊後《ぶんご》国風土記』が不完全な状態で残され、それ以外は一部の書がほかの文献でその佚文が見られるにすぎない。日本古代の正史とされる六国史《りっこくし》についても、そのうちのひとつである『日本後紀《にほんこうき》』は早い時期に散佚してしまい、江戸時代に佚文の収集が行われ、復元が図られた。

日本のように特に大きな混乱がなくとも、書籍は散佚するわけである。古代中国の場合は、平常時での書籍の散佚も焚書や項羽の行いのせいにしているところがあるのではないか？　そのような疑問を昔の中国人も抱いたようである。古勝隆一によると、宋代の学者鄭樵《ていしょう》がその著書『通志《つうし》』の中で、後世の学者が儒家の経典の中に不明な点があるのを、秦火による文献の欠落のせいにしているという旨のコメントを残しているとのことである。

†儒者への弾圧とされた坑儒

本書の主題と直接関係するわけではないが、ついでだから坑儒の実際についても触れておくことにする。秦始皇本紀によると、挟書律が発布された翌年の始皇三十五年（前二一二年）に、始皇帝に取り入っていた方士《ほうし》（仙術を事とする者）の侯生《こうせい》と盧生《ろせい》が、不老不死の仙薬が得られるなどと始皇帝を騙していたのが露見するのを恐れ、始皇帝の人となりや行状を誹謗して逃亡したことが発端である。

これに激怒した始皇帝が諸生（学者）たちを尋問させたところ、彼らは罪に問われるのを逃れようと互いに罪をなすりつけあったので、四百六十余人もの人間が摘発されることになった。そこで始皇帝は見せしめとして彼らを穴埋めにすることにし、更に摘発を進めて罪人を辺境に流刑にしようとした。

「坑儒」の「坑」とは「穴」という意味である。これで穴埋めにすることを指している。

ただし秦始皇本紀では「坑」の異体字の「阬《こう》」字を使用している。それでは穴埋めの対象となる「儒」がどこから出て来たかというと、これを諫めた始皇帝の長子扶蘇《ふそ》の以下の言葉からである。

天下が平定されたとはいっても、遠方の人心はまだ治まっているとは言えず、学者たちはみな孔子の教えに則っています。今主上が重刑でもってこれを正そうとしていますが、私はそれでは天下が安定しないと心配しております。主上の明察を願うばかりです。

〈天下初めて定まるも、遠方の黔首未だ集《おさ》まらず、諸生皆な孔子に誦法《しょうほう》するに、今上皆な重法《じゅうほう》もて之を縄《ただ》さんとするに、臣、天下の安《やすん》ぜざるを恐る。唯《た》だ上、之を察せよ。〉

始皇帝は結局息子の諫言にも耳を貸さず、彼を北方で対匈奴の軍務にあたっていた蒙恬《もうてん》のもとに追いやるのだが、それはともかくこの扶蘇の（学者たちがみな孔子の教えに則っているという）言葉から、坑儒の対象となった「諸生」とは儒者のことであると理解されるようになったわけである。

しかし稲葉一郎は、ここで問題とされているのはあくまでも方士であることから、儒者が主要な弾圧の対象であるという見方に疑問を呈している。そして坑儒のあとも秦が儒者を登用していることを指摘する。たとえば後に劉邦に仕えて国家の儀礼を制定することになる儒者の叔孫通《しゅくそんとう》は、秦の二世皇帝の時に博士官に任命され、多くの弟子を指導している。『史記』叔孫通列伝には、多くの儒生が二世皇帝に意見を求められる場面もある。

こうしたことから、稲葉氏は坑儒は儒者に対する弾圧ではなく、詐術を弄する方士に対する懲罰事件であると結論づける。坑儒の実相としてはこんなところであろう。これが坑儒と呼ばれて儒家を対象とした弾圧とされるようになったのは、あくまでも後世の理解、歴史認識なのである。

3 『史記』の編纂

†秦から漢へ

始皇帝が在位三十七年、西暦では前二一〇年に没すると、その翌年に早くも崩壊の兆しが生じる。陳勝《ちんしょう》・呉広《ごこう》の乱である。彼らは秦に滅ぼされた六国のうち、楚の復興を掲げた。この反乱自体は半年程度で鎮圧されたが、以後も六国復興の動きが相次ぎ、秦は統一から十五年ほどで滅亡することになる。

始皇帝没後の混乱の中で、陳勝をはじめとする多くの群雄が立ち上がったが、最後に天下を手中に収めたのは農民出身の劉邦である。彼は前漢王朝を建てて皇帝となったが当初は秦のような中央集権体制を敷くことはできず、諸侯の盟主の立場から、王朝の直轄地域では郡県制を敷き、地方は諸侯の統治に任せる郡国制《ぐんこくせい》を採ることとなった。

また、北方では秦に続き、騎馬遊牧民の勢力である匈奴《きょうど》との対峙を迫られた。劉邦自身も前二〇〇年の白登山《はくとうざん》の戦いで、匈奴の冒頓単于《ぼくとつぜんう》に手痛い敗北を喫している。

漢王朝は内には諸侯対策、外には匈奴に対する防衛と二つの課題を抱えることになった。諸侯については、劉邦の時代に既に対策が進められ、功臣の楚王韓信《かんしん》をはじめとして異姓の諸侯が次々と粛清され、皇族に置き換えられた。しかし諸侯国はなおも独立性を保持していた。中央による諸侯国の統制が強化され、郡国制が実質的に郡県制に近い状態となるのは、前漢第六代の景帝《けいてい》の時に起こった諸侯国の反乱、呉楚七国《ごそしちこく》の乱の鎮圧以後のことである。

次の第七代武帝《ぶてい》の時代には、対内問題に続き対外問題にも道筋がつけられることになる。

武帝はそれまでと打って変わって匈奴に対して積極策に出た。彼が登用した衛青《えいせい》、その甥の霍去病《かくきょへい》らの貢献もあり、外征での勝利によって漢は匈奴に対して優位に立つことになる。前漢は半世紀以上在位することになる武帝のもとで最盛期を迎えた。

国家の儀礼制度についても、古の帝王が行ったという封禅《ほうぜん》の儀を復興したり、歴史上はじめて年号の制度を創始し、更に秦以来の暦を改めるといった新しい動きが起こった。司馬遷が『史記』を編纂したのは、こういう時代であった。本節では、主に佐藤武敏と藤田勝久の研究を参照して『史記』の編纂について見ていくことにする。

†経書から史書へ

『史記』は事典類や高校世界史の参考書などでは、「司馬遷が著述した歴史書」とか「中国初の通史」という風に説明されている。この説明で一見何の問題もなさそうである。しかし実際には、司馬遷だけではなくその父親の司馬談《しばたん》の著述した部分も存在すると言われている。書名については、『史記』はもともと『太史公』あるいは『太史公書』と呼ばれていた。『太史公記』『太史記』という別称もある。そして『史記』が編纂されたころの中国には、歴史書という書籍のカテゴリーはまだ存在していなかったのである。

ここではまず書名の問題とカテゴリーの問題について説明しておこう。前節の焚書の話の中で、戦国諸国の歴史書を指す「諸侯の史記」という表現が出て来た。「史記」とは元来諸国の史官の記録を指す一般名詞だったのである。

「太史公」というのは司馬談と司馬遷の就いた官名であり、太史令《たいしれい》の別称である。この官名にちなんで父子の著書が『太史公書』などと呼ばれることとなった。後漢末期になり、その『太史公書』が『史記』と呼ばれるようになったとされる。これは『太史公記』『太史記』の略称という説もあるが、佐藤武敏によるとそうではなく、古の列国の史記、すなわち年代記を代表するものとして『太史公書』が『史記』と呼ばれるようになったのではないかと言う。

そしてカテゴリーについては、本書でここまで何度か引用した『漢書』芸文志では、『史記』は六芸略の春秋類に分類されている。すなわち経書《けいしょ》（儒家の経典）のひとつである『春秋』と同種の書と見なされていたわけである。

漢の時代には書籍の種類を分類するカテゴリーとしてまだ史書が存在していなかったため、魯の史記である『春秋』を代表として分類するしかなかったのである。ここでは「太史公百三十篇」として著録されている。『史記』は計百三十篇から成る。春秋類に著録されているほかの史書としては、『春秋』や『春秋』三伝以外には、『国語』や『戦国策』、王侯の系譜などを収めた書とされる『世本《せほん》』、秦末の混乱と楚漢《そかん》戦争について記述したとされる『楚漢春秋』などがある。こうしたことを踏まえて、渡邉義浩のように史学は当初儒学に従属していたと見る論者も存在する。

『漢書』芸文志で『史記』が六芸略に著録されていることは、二〇二三年一月に施行された大学入学共通テストの世界史Bのリード文で取り上げられた。そこではまた、唐代に編纂された同種の図書目録である『隋書《ずいしょ》』経籍志《けいせきし》で、『史記』が『漢書』『後漢書《ごかんじょ》』『三国志《さんごくし》』とともに史部《しぶ》に分類されていることも触れられている。

『史記』が史書としてとらえられていなかったというのは、「歴史の父」とされるヘロドトスが『ヒストリエー』を著述したころの古代ギリシアでは、「歴史」という書籍のカテゴリーが存在していなかったということを連想させる。

ただし、これは『隋書』経籍志編纂まで中国に「史書」というカテゴリーが存在しなかったということではない。後漢末には『太史公書』が『史記』、すなわち史官の記録に類するものと呼称されるようになり、『漢書』と併称されるようになっている。また三国時代には、『漢書』『東観漢記《とうかんかんき》』（後漢の歴史をまとめた書）とともに「三史」と呼ばれたということである。佐藤武敏によると、『太史公書』から『史記』という名称の変化は、この書を儒家の書というよりは史書としてとらえられるようになったことを反映していると言う。

そして書籍の目録の上でも、西晋の荀勗《じゅんきょく》の『中経新簿《ちゅうけいしんぼ》』では、書籍を甲乙丙丁の四部に大別し、経書や諸子とは別個に『史記』などの史書を丙部に分類した。丙部は「史記・旧事・皇覧簿・雑事」に属する書を著録したとのことである。ちなみに『中経新簿』の四部分類は、以後の『隋書』経籍志などで採用される経（経書やその注釈）・史（史書、地誌、法令など）・子（諸子の書や仏典、医学書など）・集（文学書）の四部分類のもととなっている。

†『史記』の構成

『史記』はよく紀伝体《きでんたい》の史書であると言われる。紀伝体とは、君主の伝記や王朝の年代記を君主ごとにまとめた本紀と、臣下の伝記にあたる列伝を中心とする史書の形式である。『史記』はこの紀伝体の元祖にあたる。以後『漢書』『後漢書』『三国志』と、正史とされる史書はいずれも紀伝体の形式を採用することになる。

中国の史書で採用された紀伝体以外の形式としては、前章で触れたように、年代を追って国家の歴史を記述する編年体《へんねんたい》と、事件ごとに歴史をまとめた紀事本末体《きじほんまつたい》がある。編年体の史書の代表格は『春秋』である。紀事本末体の古代の例としては、清華簡『繫年』が挙げられよう。

『史記』の構成をもう少し見ておこう。『史記』には本紀と列伝以外にも、文化史、制度史にあたる書《しょ》、年表にあたる表《ひょう》、諸侯の歴史を国ごとにまとめた世家《せいか》が存在する。これを『史記』での配列に沿って詳しく見ていくことにしたい。

①本紀

まず本紀は、秦漢以前の時代については五帝本紀、夏本紀、殷本紀といったように王朝ごとにまとめられている。全部で十二篇である。

秦については、統一以前の歴史をまとめた秦本紀と、統一以後の歴史を扱った秦始皇本紀とに分かれている。漢王朝については、高祖《こうそ》本紀以下皇帝ごとに本紀が立てられている。本紀は編年体の形式でまとめられている。これは『春秋』、あるいは当時存在していた『左氏春秋』の形式に倣ったものということになるだろう。

目を引くのは、第二代の恵帝の本紀が立てられていない一方で、皇帝ではなく劉邦の皇后にすぎない呂后《りょこう》の本紀が立てられていることである。これについては、近年劉邦の死後にその妻の呂后が実権を握ったことを踏まえた司馬遷の創意であるなどとされてきた。

呂后は一般的に悪女として知られる。劉邦の寵愛を得て趙王如意《ちょうおうにょい》を生み、呂后の生んだ恵帝の太子としての地位を脅かした戚《せき》夫人の両手両足を斬り、目玉をくり抜くなどして豚小屋に監禁し、「人彘《ひとぶた》」と呼ばせたという話は有名である。

日本における『史記』研究の第一人者である藤田勝久は、呂后本紀が立てられたのは、呂后が実質的に政権を担ったとともに、呂后が王者の紀年を持つことに由来するのではないかと推測する。そしてその証拠として、新出の前漢第五代文帝《ぶんてい》の時代以降のものと見られる年代記、胡家草場漢簡《こかそうじようかんかん》の『歳紀《さいき》』に「高皇后元年」と呂后の紀年が記録されていること（図4-3参照）、「太后立号称制」〈太后、号を立てて称制《しようせい》す〉と呂后の称制（皇帝にかわって政治を行うこと）が確認されることを挙げる。

つまり呂后の本紀が立てられているのは司馬遷の創意というよりは当時の常識に則っただけのことということになる。あるいは統一以前の秦や、劉邦と敵対した項羽については

図4-3 『歳紀』第三七簡

本紀が立てられる一方で、陳勝については本紀が立てられていないのも、同様の事情によるものかもしれない。

②書

次の書は、礼書《れいしょ》、楽書《がくしょ》、律書《りつしょ》など計八篇立てられている。王侯の年代記や個人の伝記に加えて礼制、法制、経済など各分野の制度史、文化史に相当する書が立てられていることで、『史記』、更にこれを踏襲した以後の中国の正史は史書としての厚みが増すこととなった。後世の史書では、『漢書』芸文志や地理志《ちりし》の「志」のように、「志」と称されている。

③表

表は、三代世表、十二諸侯年表、六国年表など、各時代の年表である。秦楚之際月表《しんそのさいげつぴょう》に至っては、月ごとにまとめられた月表である。現在伝えられているものは罫線が引かれ、まさしく「表」となっている（図4-4-1）。計十篇である。

これは『史記』の創建であると長らく信じられてきたが、阜陽漢簡《ふようかんかん》『年表』の発見によって、この種の年表が『史記』以前に既に作られていたことがわかった。この簡牘が発見された安徽省の阜陽双古堆《そうこたい》漢墓は、劉邦の功臣夏侯嬰《かこうえい》の子、夏侯竈《かこうそう》の墓葬である。墓葬の年代は武帝の祖父にあたる文帝の時代とされる。

　中国の国家文物局に所属して簡牘を研究してきた胡平生の報告によると、『年表』は二種出土しており、それぞれ西周の共和行政《きょうわぎょうせい》から始皇帝の天下統一のころまでを範囲としたものということである。共和行政については第三章第二節で触れた。西周の臣下や民衆が暴君である厲王《れいおう》を都から追放し、君主不在のまま十四年間政治が行われたという事件である。なお、『史記』の十二諸侯年表も共和行政から始まっている。

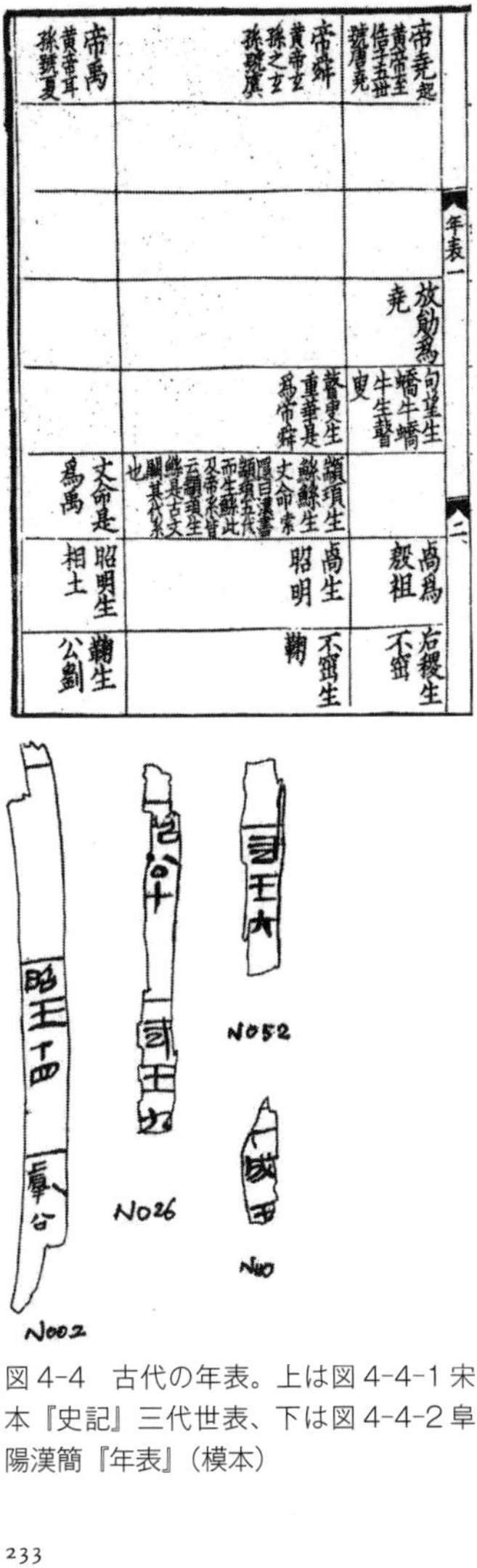

図 4-4　古代の年表。上は図 4-4-1 宋本『史記』三代世表、下は図 4-4-2 阜陽漢簡『年表』（模本）

胡平生の報告に掲載されている『年表』の模本を見ると、『史記』の表と同様に罫線が引かれており、段ごとに東周時代の各諸侯国の君主の紀年が書かれていたようである。
（図4-4-2）。

④世家

本紀が王朝の年代記や帝王の伝記であるのに対して、こちらは諸侯の年代記、伝記である。計三十篇から成る。呉太伯世家、斉太公世家などは周代の諸侯について、楚《そ》元王《げんおう》世家、荊燕《けいえん》世家などは漢代の諸侯、特に皇族出身の諸侯王についてまとめている。

周代の諸侯については諸侯国の歴史としての性質が強いが、蕭相国《しょうしょうこく》世家、留侯《りゅうこう》世家など漢初の諸侯については、劉邦の功臣の蕭何《しょうか》、張良《ちょうりょう》らにまつわるエピソードを収録しており、ほとんど個人の伝記のようになっている。体裁としては列伝と変わらないものも多い。そのせいか、『漢書』以下後代の正史では世家を立てることが少なくなり、諸侯についても基本的に列伝でその事績を扱っている。

陳勝の伝記を本紀や列伝ではなく世家とし（ただし『史記』では陳勝ではなく陳渉世家となっている）、帝王ではない孔子の伝記を世家としているのは昔から議論の的となっている。

孔子については、佐藤武敏は、孔子が学芸の宗《そう》（本家本流）とされ、子孫が長く続いていたからという理由を挙げている。孔子の子孫とされる人々は、現在でも中国や台湾に存在している。あるいは儒家によって無冠の帝王を意味する「素王《そおう》」と尊ばれたことも関係しているのかもしれない。藤田勝久は『史記の再発見』で、孔子も陳勝も武帝の時代に至るまで祭祀が続いていたことを挙げ、漢王朝による祭祀を理由として世家に建てられたのではないかと推測している。

⑤列伝

個人の伝記に相当する列伝は計七十篇であり、全百三十篇である『史記』の半分以上の分量を占める。年代記ではなく史伝のようなものを篇として立てるのは、個別の説話が単篇で流布していた戦国時代の伝統を承けているのかもしれない。

列伝には遊説家の蘇秦《そしん》列伝、張儀《ちょうぎ》列伝のように個人の伝記で一篇としたもののほか、孔子の弟子たちの行状をまとめた仲尼弟子《ちゅうじでし》列伝、秦王政の暗殺を図った荊軻など、東周時代の刺客を集めた刺客列伝のように、同じカテゴリーに属する人物を集めて一篇としたものもある。

変わったところでは、漢の外部勢力、外国の状況について記述した匈奴列伝や大宛《だいえん》列伝、商人たちの事績を通じて各地の物産や経済状況をまとめた貨殖《かしょく》列伝のような篇がある。列伝の形で外地の状況を伝えるという手法は、邪馬台国や卑弥呼について記録した『三国志』魏書の東夷伝・倭人の条（いわゆる魏志倭人伝）に代表されるように、後代に受け継がれる。列伝の最後、つまり『史記』全篇の最後には、司馬遷の自伝とその父祖の事績、『史記』全篇の序文などを収めた太史公自序《たいしこうじじょ》が配置されている。

各篇の最後には「太史公曰く」と司馬遷、あるいは司馬談のコメントを付けている。これを論賛《ろんさん》と呼ぶ。『左伝』（司馬遷の当時の『左氏春秋』）で説話の末尾に君子や仲尼など、賢人のコメントを加えているのに倣ったのだろう。成立の上限が『史記』と同じ武帝期とされる北大漢簡の『趙正書』にも末尾に論賛が見えるので、これも司馬遷の創意によって取り入れたのではなく、当時の書籍の体例を踏襲したまでのことかもしれない。

†封禅と司馬談

その太史公自序の冒頭には司馬遷の系譜について書かれている。これによると、その祖先は神話の時代にまでさかのぼり、西周の宣王《せんおう》の時に司馬氏と称するようになった。以後、代々周の史を司った。司馬談が息子に残した遺言によると、祖先は周王室の太史だったと言う。

春秋時代になると司馬氏の一族は列国に分散したが、そのうち秦に仕えた者が司馬遷の直接の祖先となる。統一以前の秦で蜀《しょく》を征伐して郡守《ぐんしゅ》となった司馬錯《しばさく》、白起とともに長平の戦いで趙と戦った司馬靳《しばきん》など、その一族には武将としての事績が印象に残る。そもそも氏となっている「司馬」とは、西周の時代には軍政を司る官であった。

一族が秦に仕える以前の系譜について佐藤武敏は、司馬遷の父親の司馬談の時にはじめて漢の太史令に任じられたことで作られた系譜ではないかと推測している。祖先が古い時代にさかのぼって代々史官を世襲していたとしておいた方が、格好がつくということである。一方で、戦国以後の系譜については実際の系譜に基づいているのではないかと言う。

そして名称には「史」とついているものの、太史令の職務には、実は歴史書に関わるものはない。佐藤武敏によると、その主要な職務は天文の観測、暦の作成、国家の祭祀と占卜、瑞祥《ずいしょう》や災異の記録とのことである。

それがなぜ太史令の司馬談・司馬遷父子によって『史記』が編纂されることになったのだろうか？　これについては様々な議論がある。藤田勝久は「司馬遷と《太史公書》の成立」において、太史令の職務のうち国家の祭祀との関わりに注目して説明を試みている。

武帝の時に問題となった国家祭祀に封禅がある。これは古の帝王が行う天地を祀る儀式とされる。確実なところでは、始皇帝と二世皇帝が現在の山東省にある泰山《たいざん》に巡幸した際に執り行ったことが知られている。また五覇のひとり斉の桓公もこれを行おうとして、名臣の管仲《かんちゅう》に諫められたという話もよく知られている。

武帝もこれを行うことにしたのである。ただ、その儀式の詳細は伝えられていなかった。そこで太史令である司馬談も博士官など関係する諸官とともに、職務として封禅の儀式の詳細について議論に加わることになった。

藤田氏は、そこで封禅も含めた国家の祭祀儀礼の見直しを通じて、古の制度の探究を行い、これを総括する機運が生まれてきたのではないかと指摘する。しかし太史公自序で触れられているように、司馬談は結局封禅の儀に参与することが認められなかった。武帝は封禅に際して司馬談ら儒家の学を尊ぶ学者ではなく、神仙の術を尊ぶ方士たちの意見を取り入れることにしたのである。これを苦にして息子司馬遷に『史記』の編纂を託すこととなった。

†司馬談の構想

息子に史書の編纂を託すということは、司馬談本人にもその構想ぐらいはあったことを示唆する。藤田勝久は、司馬談の構想について二つの要素を挙げている。

ひとつは『史記』で扱われる時代である。太史公自序によると、司馬談は『史記』で扱う年代の範囲として、陶唐《とうとう》から麟止《りんし》まで、すなわち五帝の堯（陶唐とは堯のことを指す）の時代から、武帝が一角獣、すなわち麒麟《きりん》を得たとされる前漢の武帝の元狩《げんしゅ》元年（前一二二年）までを考えていたようである。麒麟というのは、無論現代の動物園で飼育されている首の長いジラフではない。古代中国の霊獣である。麟止とは、武帝の命でこの時に出現した麒麟の足跡の型を金属で作らせたことを指す。

これはまた、『春秋』に見える「獲麟」とも重ね合わせられている。『春秋』には、魯の哀公《あいこう》十四年（前四八一年）に魯国の西方で狩猟が行われた際に麒麟が獲得されたことが記述されている。『公羊伝』と『穀梁伝』に附載の『春秋』の最後を飾る事件である。武帝の時代の麒麟の出現も、これを意識して仕立て上げられたものであろう。

このように記述の年代幅を設定する一方で、前章の第三節で触れたように、司馬談は息子に「周公が没してから五百年して孔子が現れ、孔子が没してから、現在に至るまで五百年あまりになる」という言葉を残している。これは孟子以来の一治一乱説を承けているということであった。司馬遷は太史公自序でこの言葉を引き、父の意はここにあったのではないかと述べている。

藤田氏は、これは『史記』全体の年代幅を指しているというよりも、周公旦から孔子、孔子から武帝の時代という周期を意識し、封禅をはじめとして古の制度の沿革を説明するということではないかと主張している。

また藤田氏はこれに加えて、天命を受けた帝王が行うとされる封禅への関心、あるいは武帝の統治下での麒麟の出現や宝鼎の出土といった、漢王朝と武帝を寿《ことほ》ぐとされる瑞祥《ずいしょう》の発生を通じて、天命の移動を説明しようとする動機が生まれたと言う。このうち武帝時代の瑞祥については終章でも扱うことにする。

藤田氏の挙げる構想の二つ目の要素は、『春秋』の後を継いで漢代までの名君や忠臣などを描き、人物を評価することである。これも太史公自序の中の司馬遷への司馬談の遺言に見える。その遺言の最後の部分に、孔子が礼楽の旧制を修得してその復興を試み、詩書を論じて『春秋』を筆削したことを踏まえて、次のように言う。


獲麟《かくりん》から四百年あまり経ち、(その間)諸侯は互いに領土を兼併し、史官の記録は放棄されて失われた。今漢王朝が興って天下が統一され、名君・賢主・忠臣・義士が現れている。私は太史でありながらこれを記録して論評せず、天下の史文が廃絶したのを、大変申し訳なく思っている。お前はこのことを気に掛けよ。

〈獲麟自《よ》り以来四百有余歳にして、諸侯相い兼《か》ね、史記放絶《ほうぜつ》せり。今漢興り、海内一《かいだいいっ》統《とう》し、明主・賢君・忠臣・死義の士あり、余、太史と為るも論載せず、天下の史文を

廃するを、余、甚だ懼《おそ》る、汝其れ念《おも》え。〉

佐藤武敏は、ここで『春秋』の末尾で触れられる「獲麟」を引き合いに出すことで、息子に『春秋』を継ぐことを重要な目標として託したのではないかと推定する。

以上の見立てが正しいとすれば、周公から武帝の時代までの、五百年周期説に基づく古の制度の沿革については主に『史記』の書の部分として結実することになり、名君や忠臣などの人物評価については本紀・世家・列伝として結実することになったのだろう。

ただ、司馬談が編纂したのは、このうち世家と列伝の一部であると考えられている。ここでようやく本節のはじめに言及しながら飛ばしていた、司馬談の著述した部分の話となる。これについては民国期から新中国にかけて活躍した古代史家の顧頡剛《こけつごう》らによって考証が重ねられている。佐藤武敏は諸家の議論を踏まえて、世家は衛康叔《えいこうしゅく》世家と晋世家、列伝は張儀《ちょうぎ》列伝、魯仲連鄒陽《ろちゅうれんすうよう》列伝、刺客列伝、李斯列伝、樊酈滕灌《はんれきとうかん》列伝、酈生陸賈《れきせいりくか》列伝、張釈《ちょうせき》之《し》馮唐《ふうとう》列伝、滑稽《こっけい》列伝の諸篇が司馬談の著述部分であると考えている。時代でいえば東周から漢初までがその記述の中心である。

扱う年代については、堯から漢の武帝までを範囲とすると設定しつつも、司馬談が実際に著述したとされる部分も踏まえて考えると、その中でもとりわけ孔子の時代である春秋時代から漢初までを中心とするつもりであったと見られる。いずれにせよ形としては、複数の時代を跨がる通史となるわけである。

ただし『史記』は中国で最初の通史というわけではない。上海博物館所蔵の戦国竹簡『容成氏《ようせいし》』は、太古の帝王から堯舜禹、殷の湯王、周の文王などの事績を扱い、複数の時代を跨がる書である（これを史書と評価してよいかどうかは判断が分かれそうだが）。前文で触れた「中国初の通史」というのは、あくまで『容成氏』が発見されていなかった時期の説明である。

それはともかくとして吉本道雅は、『史記』が通史を志向したことは、特に春秋時代の記述を『春秋』やその筆法を追究する春秋学の枠組みから解放し、更には将来に史学の春秋学からの独立を方向づける結果をもたらしたと評価する。

†司馬遷の構想

ただ、『史記』の構想は司馬遷の代になってから変化していくことになる。藤田勝久によると、これは太初暦《たいしょれき》の制定と深く関係していると言う。前文で確認したように、暦の作成も太史令の職務のひとつということであった。太初暦はその名の通り、武帝の太初元年（前一〇四年）に制定された暦である。漢王朝はそれまで秦の採用した顓頊暦《せんぎょくれき》を用いていた。

顓頊暦では歳首《さいしゅ》（年始）が十月とされていたが、太初暦ではそれが正月となった。

司馬遷は太初暦制定に関わったことにより、西周時代の共和元年を起点のひとつとする着想を得たと言うのである。暦を新たに定めるには、年代の逆算などの作業のために起点を定める必要があった。そのひとつが共和元年（前八四一年）であったと藤田氏は主張する。共和以前は五帝の最初にあたる黄帝を別の起点とし、『史記』全体の年代のはじまりとした。『史記』の巻頭の五帝本紀は黄帝の話から始まる。これは周公旦をはじまりとした司馬談の構想を超えるものである。

確かに『史記』の本紀でも表でも、共和以前は帝王の在位年を明記していない場合が多い。起点のひとつとなったことは確かであろう。ただし前述したように、『史記』より前に成立した阜陽漢簡の『年表』が共和から始まっていたことからすると、これも当時の常識に従っただけかもしれない。

これは『史記』で扱う年代の上限ということになるが、藤田氏は下限についても太初暦の影響が見られると言う。太史公自序の末尾に「私は黄帝から太初年間に至るまでのことをまとめ、百三十篇を終えることにする」〈余、黄帝より以来太初に至るまでを述歴《じゅつれき》して、百三十篇を訖《お》う〉という文言が見える。なぜ太初年間（前一〇四年～前一〇一年）を下限と定めたかというと、太初暦の制定を重く見たからというわけである。

†発憤著書

『史記』の構想の大枠、すなわち年代観は定まったが、それ以外の部分については更に変化していくことになる。そのきっかけとなったのが、天漢二年（前九九年）ないしは翌三年に起こった李陵《りりょう》の禍《か》である。これについては中島敦の小説「李陵」の題材となっていることもあり、ご存知の方も多いことだろう。匈奴との戦いに出征し、投降した李陵を司馬遷が武帝の面前で擁護したことにより罪に問われ、宮刑《きゅうけい》に処されて去勢された事件である。

司馬遷は幽閉から解かれたのちに中書令《ちゅうしょれい》の官に任じられた。これは宦官の就く官職であるとされる。そして『史記』の編纂を続けることになる。いわゆる「発憤著書《はっぷんちょしょ》」の説の由来となっている。

「発憤著書」のことは太史公自序に見える。司馬遷が言うには、為政者への批判意識や人生の苦しみが込められたとされる詩書以来、古の書籍の多くは賢人の発憤や鬱屈がその編纂の動機となった。たとえば『易経』は周の文王が紂王によって羑里《ゆうり》という所に幽閉された際に作られたとされているし、『楚辞《そじ》』に収められる離騒《りそう》という詩は、楚の屈原《くつげん》が祖国を追放された際に作られたと言われている。

彼らに倣って司馬遷自身も宮刑という恥辱に耐えて父の遺志を継ぎ、『史記』の編纂を継続して完成させたということである。武田泰淳がその代表作『司馬遷』の冒頭で述べているように、『史記』編纂のために「司馬遷は生き恥さらした男」であるとされてきた。

その際の事情や心情は太史公自序よりも、『漢書』司馬遷伝および『文選《もんぜん》』に引用されている「任安《じんあん》に報ずる書」(「任少卿《じんしょうけい》に報ずる書」とも)に詳しく述べられている。これは司馬遷が罪に問われて獄中で処刑を待つ知人の任安に宛てた手紙である。これによると、司馬遷は李陵と特に親しいわけではなかったが、日頃から国士の風格があると評価しており、彼が匈奴に敗北して投降した時に、群臣が彼を誹って失敗を誇大に言い立てるのに心を痛めて弁護したのだと言う。

また、この手紙の中でも文王や屈原など、発憤著書した人のことや、更に王侯宰相にまで上りながら最後は投獄・処刑された李斯、韓信のような人物について言及している。

佐藤武敏は、『史記』の中の李陵の禍以前の記述と以後の記述と見られる箇所を精査し、特に列伝において、李陵の禍以前は人間の成功と挫折を記す場合に、成功の要因をその人の才能に求める一方で、挫折の要因についてはその人の短所や欠点から来ているとして厳しく突き放す書き方をしていると言う。しかし李陵の禍以後は、挫折を経験したり不遇な生涯を送った人に対して、悲しみや同情の目でもって見つめているようであると述べる。それとともに権力者たち、特に武帝や高級官僚に対して、風刺や批判の言葉が加えられるようになっていると指摘している。

こうした視線が、よく指摘されるように、列伝の最初に位置する伯夷《はくい》列伝において、周の武王による克殷に異を唱え、「周の粟《ぞく》を食《は》まず」、すなわち殷を討った周のものなど食べられないと、首陽山《しゆようざん》で餓死することを選んだ伯夷と叔斉の兄弟のような人物に対する「天道、是《ぜ》か非か」〈天は正しいのか誤っているのか〉という嘆きにつながっているのだろう。

藤田氏は以上のようなことを踏まえて、『太史公書』すなわち『史記』は武帝期という時代の要請を受けて編纂された書であるとまとめている。『史記』編纂の目的や構想については様々な議論がある。それらは封禅の儀に参加できなかったことや「発憤著書」のような、司馬談なり司馬遷なりの個人的な事情をもとに考察したものが大半である。しかし筆者はそれに加えて、藤田勝久のように当時の時代性に着目した議論が最も当を得ていると考える。

また、『史記』は通史の形式を採ることで、『漢書』以後の正史に多く見られるような、ひとつの王朝のみを扱う断代史ではなく、幅広い年代を対象とする史書となった。そして本紀と世家に加えて列伝を設けたことで、王侯の歴史だけでなく多様な階層に属する人々の生涯や活動も対象とすることになり、更に礼書、楽書をはじめとする書の部を設けることで、政治史や個々人の伝記だけではなく文化史、制度史をも扱うこととなった。『史記』

は史書として総合の書と評価できよう。

同様に総合性を志向した書籍として、『史記』と前後して、『呂氏春秋』に次ぐ総合の書である『淮南子《えなんじ》』が編纂されている。『漢書』芸文志では、『淮南子』は『呂氏春秋』と同じく雑家の書として著録されている。『呂氏春秋』と同様に百科全書的な性質を持つと評価されている。武帝のころというのは、こうした総合の書を求める機運が生じた時期であったのかもしれない。

4 始皇帝、そして武帝

†始皇帝の出生譚

『左伝』と同様に『史記』もしばしばその文学性が議論の俎上に挙げられる。そのせいか時に『史記』の文章が司馬遷の創作のようにとらえられることもある。しかし実のところ、『史記』は現代の歴史書と同じく様々な史料を参照・引用して書かれているのである。

藤田勝久は「『史記』の史料論と出土史料」において、『史記』では系譜や紀年に関する史料を引用・参照して話の流れを示す一方で、その人物の盛衰を説話のような記事資料からの引用によって強調するなど、複数の種類の史料を組み合わせるというスタイルの篇が多く、このことが特に列伝の記述があたかも創作であるように見える原因であると指摘している。

『史記』の記述は創作ではないが、かと言ってただ史料をコピー・アンド・ペーストしただけのものでもない。史料の選択や配列には司馬談、司馬遷なりの歴史認識や評価が込められている。ここでは始皇帝にまつわる話を題材にそれを見てみることにしよう。

始皇帝が実は先代の荘襄王《そうじょうおう》の子ではなく、「奇貨居《きかお》くべし」と荘襄王の擁立に尽力した豪商の呂不韋《りょふい》の子であるという話は、歴史小説や中国のドラマなどでもしばしば取り上げられており、よく知られている。即位前の荘襄王が趙国で人質になっていた時に呂不韋の寵愛していた女性を見そめ、呂不韋の子を宿していると知らずに彼女を請うて夫人とし、彼女の産んだ子が始皇帝となったという話である。

この話は『史記』の呂不韋列伝に見えるが、秦始皇本紀には見えない。本紀ではただ荘襄王が呂不韋の愛姫を見そめてこれを娶り、始皇帝が生まれたと書かれているだけである。比較的正式な歴史叙述と言うべき本紀に見られず、後世の野史《やし》・稗史《はいし》に近い列伝にこのような伝承が記載されているのは、藤田氏は始皇帝の出生に関する情報として複数の史料の来源を併記したものであると評価する。

一方、鶴間和幸は『人間・始皇帝』で、『史記』の別の箇所からこの出生譚と似たような話を紹介している。戦国四君のひとり春申君《しゅんしんくん》の伝記にあたる春申君列伝に見える話である。春申君黄歇《こうけつ》は楚の考烈王《こうれつおう》が太子であった時から仕え、長年相邦《しょうほう》（宰相。相国に同じ）として王を支えた。考烈王は子どもに恵まれなかった。そこで趙の李園《りえん》という人物がまず妹を春申君に嫁がせた。その子を身籠もると、今度は妹と春申君に因果を含めて考烈王に嫁がせ、後継となる幽王を生んだ。李園は考烈王に重用されることとなった。考烈王が病没すると、春申君の口から事実が露見するのを恐れ、彼を暗殺した。

呂不韋の立場が春申君、あるいは李園と似通っているのがわかるだろう。ちなみに春申君が暗殺されたのは、呂不韋が失脚して没したのと同年の前二三八年である。呂不韋が始皇帝の実の父親であるという話と、春申君が楚の幽王の実父であるという話は、第三章の第一節で議論したような、登場人物を入れ換えて細節をいじっただけの同工異曲の説話の一種である。当然どちらもこれを歴史的事実と見なすことはできない。

司馬遷はどうして本紀に書けないような話を列伝に記載したのだろうか？　そこには藤田氏の言うような単なる両論併記という以外の何らかの意図がありそうである。

†始皇帝の遺言

もうひとつ例を挙げる。今度は始皇帝が没する際の話である。『史記』秦始皇本紀では、以下のような話が展開されている。始皇帝三十七年（前二一〇年）、地方を巡行していた始皇帝は、その途上で病となった。死期を悟った始皇帝は、長子の扶蘇《ふそ》を後継とする旨の遺詔《いしょう》を用意させた。その遺詔は巡行に随行していた側近の趙高《ちょうこう》の手元に留め置かれた。

そして沙丘平台《さきゅうへいだい》の地で始皇帝が病没する。やはり巡行に帯同していた丞相の李斯《りし》はその死を秘密にすることにした。始皇帝の遺体を轀涼車《おんりょうしゃ》と呼ばれる車に乗せ、まるで彼が生きているかのように装わせ、巡行を続けさせた。暑気によって遺体が腐臭を放つようになると、塩漬けにした魚介類を車に積み込み、臭いを紛らわせた。

趙高は自分が書や法律のことなどを教えた始皇帝の末子胡亥《こがい》を後継に立てようとし、李斯・胡亥と共謀し、もとの遺詔を破棄した。そして新たに遺詔を偽造して胡亥を太子に据え、本来新帝となるはずであった扶蘇には始皇帝の遺志ということで死を賜った。都の咸陽に戻ると胡亥は父帝の喪を発して二世皇帝となり、以後趙高を重用した。いわゆる「沙丘の密謀」の話である。

始皇帝の死や胡亥の即位については、北大漢簡の『趙正書』にも記述がある。この書は巡行中の始皇帝の発病から、始皇帝の病死、胡亥の即位、胡亥の命による扶蘇と李斯の殺害、そして胡亥と趙高の死までの話をまとめたものである。「趙正」とは始皇帝のことで、この書では始皇帝を「秦王趙正」と呼んでいる。皇帝として認めていないわけである。『史記』では始皇帝の名は「政」とされる。「政」と「正」の違いは通仮《つうか》によるものであろう。

『趙正書』の中身の方は、『史記』の秦始皇本紀・李斯列伝・蒙恬《もうてん》列伝の記載と似通っている部分もある。ところが、胡亥が後継者となった事情は『史記』と大きく異なっている。

ここでも始皇帝は巡行の途上で病となる。病が重くなり死期を悟った始皇帝は、丞相の李斯を呼んで後継者について議論させようとする。そして以下に引く場面に続いていく。

趙正が涙を流して李斯に言うには、「私はそなたを疑っているのではない。そなたは我が忠臣である。（誰を後継として）立てるか議論せよ」。丞相の李斯と御史《ぎょし》の馮去《ふうきょ》疾《しっ》が恐縮し、地に頭を打ちつけて言うには、「今（ここから都まで）道のりは遠く、詔《みことのり》を発して群臣と取り決めようにも、大臣たちが良からぬことを企む恐れがあります。どうか胡亥様を後継に立てられますよう」。王が言うには、「よかろう」。

〈趙正　流涕《りゅうてい》して斯《し》に謂いて曰く、「吾れ子《し》を疑うに非ざるなり、子は吾が忠臣なり。

其れ立つる所を議せよ」と。丞相臣斯・御史臣去疾、昧死《まいし》頓首《とんしゅ》して曰く、「今道遠くして詔して群臣に期するも、大臣の謀《はかりごと》有るを恐る。請うらくは子胡亥を立てて代後と為さんことを」と。王曰く、「可なり」と。〉

ここでは李斯と馮去疾が始皇帝に胡亥を後継に立てるよう求め、始皇帝がそれを認めたということになっている。扶蘇を後継に立てるよう遺詔を託した始皇帝の意に反し、趙高と李斯が胡亥を立てたとする『史記』とは大きく異なっている。

『趙正書』のその後の展開は、胡亥の意によって扶蘇と、その後ろ盾であった将軍蒙恬《もうてん》が死ぬこととなり、胡亥を擁立した李斯も殺害されたこと、その胡亥も丞相・御史となった趙高に殺害されたことなど、おおむね『史記』の展開と一致する。ただ、趙高が張邯《ちょうかん》（秦の将軍で項羽に降った章邯《しょうかん》を指す）によって誅殺された点は、『史記』とは異なっている。『史記』では、趙高は胡亥の後に擁立された子嬰《しえい》らによって殺害されたことになっている。

北大漢簡は前漢武帝後期から宣帝期にかけてのものと見られるので、時期を早く見積もれば、武帝期に書かれたとされる『史記』と同時期の文献ということになる。胡亥の即位の事情は『史記』と『趙正書』の記述のどちらが正しいのだろうか？

鶴間和幸は『始皇帝の愛読書』において、始皇帝は臣下との議論によって政策を実行し、その議論の過程を法令として官吏に下すことがあったと指摘する。だから『趙正書』に見えるように、李斯ら臣下とのやりとりの結果を裁可し、その内容を遺詔としても何ら不自然ではないと主張する。そうであるならば、鶴間氏が疑問視するように、司馬遷はなぜ扶蘇を正統の後継者と考え、胡亥を簒奪者と見なしたのだろうか？　陳侃理は、それを司馬遷『趙正書』の編著者との歴史認識の違いに原因を求める。

陳侃理は、扶蘇の母が楚の王女と見られること（これは藤田勝久の説に拠ったものである）、そして陳勝と呉広が秦に対して挙兵する際に扶蘇と項燕の名を騙ったことに注目する。そして始皇帝の本来の後継者は扶蘇であり、胡亥ではなかったというのは、陳勝、あるいはその後に続いた劉邦など、秦に対して立ち向かったもとの楚の地域の人々の歴史認識であったと主張するのである。

同じように『趙正書』に見える胡亥への王位継承も、『史記』に見えるものとは別の「歴史記憶」であり、漢初に秦代の歴史をめぐって多種多様な歴史記憶が混在し、競合しあっていたとし、これを「歴史記憶の戦争」と位置づけている。

†始皇帝に重ね合わせられる武帝

始皇帝の遺詔に関して、当時複数存在していたであろう歴史認識ないしは歴史記憶の中で、司馬遷はなぜそのような説話を選択したのだろうか？　始皇帝の出生譚といい、漢が秦を打倒したことにより成立した王朝であるから貶《おとし》めたのだろうか？　確かにそれは『史記』以後の正史にしばしば見られる態度である。しかし『史記』の中の秦に対する批判を見ると、どうもそんな単純なものではなさそうである。司馬遷には始皇帝と秦の統治に対して思う所があったのではないだろうか？

『史記』では当時の経済政策の流れについて述べた平準書《へいじゅんしょ》の末尾で武帝期の財政を担った桑弘羊《そうこうよう》に対する比判の言を載せ、それに続く論賛で、秦の時の状況として大約次のようにコメントしている。

　対外的には匈奴などの夷狄を打ち払い、国内では宮殿の造営などの事業を興した。そのため男は一生懸命に働いても食糧をまかなえず、女は紡績につとめても衣服をまかなえないという有様であった。かつては天下の資材を尽くしてお上に献上しても、まだまだ足りないと言われたものである。しかしこれは時勢の流れによるものであって、怪しむに足りない。

特に最後の一文が何やら意味ありげである。稲葉一郎は『中国の歴史思想』で、この論賛に対して「恐らく司馬遷にとって決して単なる秦末の状況描写ではなかったはずである。むしろ武帝後半期の治政と二重写しに叙述しているのである」と指摘する。この二重写しは故なく行ったことではないだろう。当時の政治状況だけでなく、諸々の制度改革、封禅の儀の施行、そして封禅の儀の際の議論に見られるように方士を信任したこと、匈奴との戦いに力を入れたことなど、始皇帝と武帝自身も類似点が複数存在するのである。

稲葉氏はまた「『史記』の成立」において、前代の秦や始皇帝に対する批判にかこつけて今の統治者である武帝を批判するのは、儒家が理想の世を太古の聖人の時代に設定して現状を批判するのと対極をなしていると指摘している。

同時代の物事や為政者を批判的に取り上げたり風刺したりするのに際して、状況が似通っている過去の時代や人物にかこつけるというやり方は、以後の時代にも受け継がれた。たとえば白楽天《はくらくてん》の「長恨歌《ちょうごんか》」で、唐の玄宗《げんそう》を前漢の武帝になぞらえているように、唐詩では同時代の状況を詠む場合に、しばしば唐と状況が似通った漢の時代のそれになぞらえた。

日本でもそういったことがあった。たとえば江戸時代の仇討ち事件である忠臣蔵《ちゅうしんぐら》は、同じ江戸時代にこれを題材にした浄瑠璃や歌舞伎の『仮名手本忠臣蔵《かなでほんちゅうしんぐら》』では、吉良上野介《きらこうずけのすけ》にあたる役柄を足利尊氏の執事の高師直《こうのもろなお》とするなど、舞台設定や人物を南北朝時代のそれに置き換えている。

『史記』には武帝、あるいはその政治に対する批判が込められているというのは、よく指摘されることである。武帝の伝記とも言うべき『史記』の今上本紀《きんじょう》（これが本来の名称だったと思われるが、一般に孝武本紀《こうぶ》と呼ばれる）の大半が封禅書の大部分の引き写しとなっているのも、そうした事情を想像させる。一般的にもとの今上本紀は早くに散佚し、後の人が封禅書の引き写しでもってその穴埋めとしたと考えられている。そして元の今上本紀には武帝の批判的な文言があったのだろうと想像されている。

一般に匈奴征伐に成功し、国内でも改革を進めた武帝の時代は、前漢の最盛期とされる。しかし治世の後半になるとその歪《ひず》みが生じてきた。司馬遷が武帝を批判するのは、父が封禅の儀への帯同を許されず、また自分が宮刑に処されたという父子二代の怨恨によるものとされることも多いが、それは一概には言えない。武帝の統治そのものに批判される要因があったのである。

ただ稲葉一郎は、司馬遷が武帝による連年の匈奴征伐と、そのために生じた財政破綻を解決するためのなりふり構わぬ経済政策に批判的で、『史記』においてその状況を直書したとする一方で、『史記』自体は政治批判や武帝批判を直接の著述目的としたわけではなく、あくまでも漢王朝の顕彰が著述の第一の目的であったと述べている。

司馬遷の態度としては、前漢王朝の統治のもとでの豊かで平和な生活を評価しつつも、それをぶち壊しにするような武帝とその寵臣たちの政策、あるいは彼らがよしとする風潮に対しては批判的であるといったところだったのではないか。こうした態度は、戦後の日本の繁栄と平和を評価しつつ、それを崩そうとするような時の政権の政策に批判的な人々には理解しやすいことだろう。

それはともかくとして、以上のような武帝とその政治に対する評価が、始皇帝と秦の政治の評価に反映されているように思われるのである。

†残された謎

『史記』は前文で取り上げた「沙丘の密謀」のような、まるでその場で見てきたような話を記載する一方で、殷本紀に見える殷王の号や系譜が、殷墟から出土した甲骨文に見える王号や系譜と比べて、割合に正確であることなどを踏まえて、史書としての正確性を喧伝されることもある。

本章の最後に、同じく本紀から敢えて正確ではない、誤っていると見なされる部分を取り上げよう。周本紀に見える、第三章の第二節で触れた「共和行政」の話である。

西周第十代の厲王《れいおう》は臣下の諫めを聞かず、佞臣《ねいしん》の栄《えい》の夷公《いこう》を側近として悪政を行ったので、国人たちによって反乱を起こされ、彘《てい》の地に亡命することとなった。そして重臣の周公《しゅうこう》と召公《しょうこう》（それぞれ西周初期の周公・召公の子孫であろう）が幼い太子を擁して、厲王が没し、太子が成長するまでしばらく自分たちが政治を執り行うことにした。周本紀ではこの時に「共和」と号したと述べている。「republic」の訳語としての「共和制」の語源となった事件である。そして共和の十四年（前八二八年）に厲王が亡命先で没すると、二人は成長していた太子を王に建てた。これが西周第十一代の宣王《せんおう》である。

十二諸侯年表ではこの事件について、「共和元年、厲王の子が召公の宮殿に所在した。これは（後の）宣王である。王は若く、（そのため）大臣が共《とも》に和《わ》して政治を行った」〈共和元年、厲王の子、召公の宮に居る、是れ宣王為《た》り。王少《わか》く、大臣共に和して政《まつりごと》を行う〉とあり、大臣が「共に和して」政治を行ったから共和と号したと解釈している。

しかし前文で触れたように、『竹書紀年』では「共伯和《きょうはくわ》が王位を奪った」〈共伯和、王位を干す〉とあり、また清華簡『繫年』の第一章でも厲王の亡命後に共伯和が立ったとある。西周時代の同時代史料である金文でも、西周後半期の銘文に共伯和を思わせる伯龢父《はくわほ》、あるいは師龢父《しわほ》という人名が見えるものがある。「龢」は「和」の異体字である。

これらの史料を踏まえると、「共和」の号は大臣が「共に和」して政治を行ったからではなく、「共伯和」という人名に由来すると見た方が良さそうである。周公と召公が幼少の太子を擁していたというのは、西周の初代武王が没したのちに、周公と召公が幼少の成王を輔佐したという話の焼き直しであると見られる。

しかしこれは司馬遷の作り話というわけではなく、当時そういった説話が伝えられていたのだろう。共伯和の名、あるいはその略称である共伯の号は『荘子』や『呂氏春秋』にも見えるので、司馬遷は共伯和の存在自体は知っていた可能性が高い。「沙丘の密謀」と同じく、やはり「共和行政」についてどうして共伯和による執政ではなく、大臣が共に和したという話を選択したのかという問題になる。

始皇帝の場合と同様に、その選択には何らかの政治的批判、あるいは理想、理念が込められているのかもしれない。前述したように、「共和行政」は『史記』において年代の起点のひとつとなる重要事件であった。そこに特別な意図が込められていたとしても決しておかしくはない。しかし具体的にそれがどういうものであったのかは、現在の段階ではわからない。将来の新たな史料の発見により、事情が明らかになる日を待つのみである。『史記』にはまだ謎が残されている。

終章　大事紀年から年号へ

†本書のまとめ

本書では殷代における記録のはじまりからスタートし、第一部では西周・春秋時代の同時代史料による歴史認識の展開と、この時代に語られたとされている後代の文献に記載の神話に見える歴史認識をたどった。

第二部では、まず戦国時代に出現した『春秋』や『左伝』、『竹書紀年』『繫年』などの歴史書とその性質、そして諸子の書に見える歴史観を概観した。そして当時の書籍のあり方や始皇帝による焚書の実際について確認し、中国の歴史叙述が『史記』に結実する様子を見ていった。

司馬遷が『史記』を編纂する際に利用した史料については、多くの研究者が注目するポイントであるが、本書では各章節で分散して言及し、一箇所でまとめて議論することはしなかった。

第四章で述べたように、『史記』を編纂した司馬遷は、太史令として太初暦の制定にも関与した。その太初暦の制定の際に年号が「太初」と改められたとされる。司馬遷が生きた前漢の武帝の時代は、現在日本人である我々が使用している年号の制度が開始された時期でもあった。

実はこの年号も元来は本書で問題としてきた歴史認識、あるいは歴史的な評価の視点と深く関わる制度だったのである。そこで本書の最後に、中国で年号制度がどのように形成されたのかをたどり、本書のまとめにかえることにしたい。なお、本章の内容は筆者が二〇一九年に行った講演「年号以前」に基づくものである。

†殷代の暦と紀年

武帝の時代に年号制度が開始されたとはいっても、いきなりそのような制度ができたわけではない。年号制度には殷周時代からの長い前史が存在するのである。まずは殷代からその歴史をたどっていくことにしよう。

まずは中国の旧時代の暦について簡単に説明しておく。中国では太陽暦が導入されるまで太陰太陽暦《たいいんたいようれき》と呼ばれる暦を使用していた（この暦は日本にも伝来し、明治の初めのころまで使われた）。これは月齢を基準としたもので、一ヶ月が三十日となる大月《だいげつ》と、二十九日となる小月《しょうげつ》を交互に配置する。ただし殷代の大月には三十一日となる月もあったようである。

ともかくこれでいくと一年は三百五十四日となるが、これでは年が進めば進むほど、暦と季節が合わなくなる。そこで十九年に七回程度閏月《うるうづき》を挿入し、太陽暦との調整を図る。この閏月は、後の時代であれば暦を計算して一年の適当な時期に挿入するのである（これを年中置閏《ちじゅん》という）。

殷代では時期によって年末置閏が行われた。すなわち年末に閏月を入れるのである。甲骨文や金文の日付には、時々「十三月」とか「十四月」といった表記が見られる。時には二ヶ月も調整が必要なことがあったわけである。暦の計算というのはそれだけ難しい。暦算が発達していない古い時代となればなおさらである。後の時代でも暦の計算が合わないということで、何度となく改暦が行われることになる。

さて、ここから王の紀年の話となる。ここで、序章で引用した『合補』一一二九九の甲骨文をもう一度挙げておく。

壬午《じんご》の日に、王は麦《ばく》の麓《ふもと》で狩りを行い、灰色の水牛を得た。王は宰丰《さいほう》に賞賜し、（その賞賜品は）寝小䵼《しんしょうし》が手渡した。王の六年五月の彡祭《ゆうさい》を行った日のことである。

〈壬午、王、麦麓に田《かり》し、商戠《しょうしょく》の兕《じ》を獲《え》たり。王、宰丰に賜《たま》うに、寝小䵼、貺《おく》る。五月に在り、唯《こ》れ王の六祀《し》彡日《ゆうじつ》。〉

これは狩猟に関する甲骨文ということであった。王が山の麓で狩りを行って水牛をしとめ、臣下の宰丰に褒美を賜ったという内容なのだが、ここでは末尾の「五月に在り、唯れ王の六祀彡日」に注目してもらいたい。

以上の出来事は、殷代のある王の在位六年目の五月の「彡」という祭祀を行った日に発生したということである。年号が存在しない時代には、時の王の在位年でもって年を数えていた。「六祀」の「祀」とは、「五祀周祭《ごししゅうさい》」という五種類の祭祀の周期に由来する年の数え方であり、「彡」もその五祀のひとつである。

殷代の甲骨文や金文では、多く王朝の祭祀の周期でもって一年二年と数えていたのである。これに対して「年」や「歳」は穀物の実りなど農業に由来する歳の数え方であるとされている。

もうひとつ甲骨文を挙げる。今度は『合集』三六四九三である。

癸巳《きし》の日に卜占を行い、問うた。王にこの十日間に悪いことがおこらないだろうか。二月、斉《せい》の駐屯地にて。王が到来して人方《じんぽう》を征伐した時のこと。

〈癸巳卜す、貞《と》う、王、旬《じゅん》に憂い亡きか。二月に在り、斉師《せいし》に在り。唯れ王、来りて人方を征す。〉

ここでは年は書かれずに、二月という月と癸巳という日付だけ書かれている。末尾の「唯れ王、来りて人方を征す」というのは、王が山東半島の斉の地まで遠征して敵国の人方を征伐したことを指すが、これが前半の「癸巳卜す、貞う、王、旬に憂い亡きか」という卜占と関係があるのかどうかはよくわからない。

王が遠征した際に卜占を行ったということかもしれないし、単に、さきほどの場合のように「王の×祀」と書くかわりに、卜占を行った年に発生した重大事件を挙げて紀年のかわりとしたのかもしれない。もし後者であれば、次の項で取り上げる「大事紀年《だいじきねん》」の先駆けということになる。

†大事紀年の登場

西周時代の紀年表示は、王の在位年で年を数える、干支で日数を示すなど、基本的に殷の制度を継承している。特に西周前半期の金文では、小盂鼎《しょううてい》（『集成』二八三九）の「唯れ王の廿《にじゅう》又五祀」のように、年を数えるのにやはり「祀」という単位を用いているが、殷代とは異なり、祭祀の周期の意味が失われてほとんど「年」と同義のようになっている。また師《し》獸簋《ぎんき》（集成四三二一）の「唯れ王の元年正月初吉《しょきつ》丁亥《ていがい》」のように、西周時代になってはじめて「元年」という言い方が登場する（「正月」は殷代の甲骨文にも見える）。

改元、すなわち新君の在位年への切り替えはどのようになっていたかよくわからない。中国で建国五十周年記念事業として行われた、夏殷周三代の年代を確定するプロジェクトである夏商周断代工程《かしょうしゅうだんだいこうてい》では、西周時代には春秋時代と同様、一部例外を除き、新君が建てられた翌年の正月に在位年を切り替える踰年改元法《ゆねんかいげんほう》が行われたと想定しているようである（春秋時代の改元については第三章の第二節で触れた）。

閏月については、西周金文でも時折「十三月」や「十四月」といった表記が見られる。西周時代には年末置閏が採用され、年中置閏が行われなかったようである。ちなみに「十四月」という表記は春秋時代前期まで金文に現れ、先秦時代の暦譜を復元するうえで困難をもたらす要因となっている。

西周時代の紀年で重要なのは、さきほども言及したように、大事紀年《だいじきねん》が登場することである。これは年を示すのに数字で表すのではなく、その年に起こった事件でもって年を表すやり方である。

実例を挙げると、中方鼎《ちゅうほうてい》（『集成』二七五一～二七五二）の「王が南宮《なんきゅう》に命じて（周に）背《そむ》いた虎方《こほう》を征伐させた年」〈唯れ王、南宮に命じて反せる虎方を伐《う》たしむるの年〉や（図5－1）、作冊魖卣《さくさつこゆう》（『集成』五四三二）の「公大史《こうたいし》が宗周《そうしゅう》で朝覲《ちょうきん》を行った年」〈唯れ公大史、宗周に見服《けんぷく》するの年〉のように、その年に発生した戦争や、執行された祭祀儀礼などで表している。作冊魖卣に見える「見服」は「朝覲」と訳したが、これは臣下が天子に謁見して時候の挨拶や政務の報告などをすることを指す。

図5-1　中方鼎（模刻）

変わり種としては、曶鼎《こつてい》（『集成』二八三八）に見える「昔飢饉《ききん》が起こった年」〈昔饉《う》えし歳〉というのもある。随分簡潔な表記だが、今だと「新型コロナの年」とだけ言えば、新型コロナウイルスの世界的流行が始まった二〇二〇年のことだと察しがつくようなものかもしれない。

†大事紀年から年代記へ

東周時代でも西周の紀年表記を継承し、周王の在位年を紀年としていた。たとえば第一章の第三節で引用した晋国の子犯鐘《しはんしょう》では、「唯れ王の五月初吉丁未《しょきつていび》」と日付の表示がなされていた。この「王の五月」というのは東周の王の暦を指しているとされる。

しかし金文には周ではなく諸侯国の暦を用いているのものもある。鄀公平侯鼎《じゃくこうへいこうてい》（『集成』二七七一～二七七二）の「唯れ鄀の八月初吉癸未《きび》」や者汈鎛《しゃとうはく》（『集成』一二〇～一三二）の「唯れ越《えつ》の十有九年」は、それぞれ鄀国や越国の暦を用いている。

そして斉国や楚国では大事紀年も踏襲された。斉の場合は立事《りつじ》歳《さい》と言って、ある人物が執政となった年を紀年としていた。たとえば春秋時代の金文国差《こくさ》𦉜《たん》（『集成』一〇三六一）には「国差が政務に臨《のぞ》んだ年」〈国佐、事に涖《のぞ》むの歳〉とある（図5－2）。国差は斉の卿《けい》（宰相）として『左伝』に登場する国佐《こくさ》に比定される。戦国時代にも同様に陳璋鐳《ちんしょうれい》（『集成』

九九七五）の「王の五年、鄭昜《ていよう》と陳得《ちんとく》が再び政務に臨んだ年」〈唯れ王の五年、鄭昜・陳得、再び事に涖むの歳〉などの事例が存在する。

楚の場合は戦国時代の金文のほか、竹簡にも多くの例が見える。その事例を二つほど見てみると、燕客問量《えんきゃくもんりょう》（『集成』一〇三七三）の「燕からの来客の臧嘉《ぞうき》が楚王を蔵郢《せきえい》の地に訪問した年の、六月己酉《きゆう》の日」〈燕客《えんきゃく》の臧嘉、王を蔵郢に問うの歳、享月《きょうげつ》己酉の日〉とか、鄂君啓節《がくくんけいせつ》（『集成』一二一一三）の「大司馬《だいしば》の昭陽《しょうよう》が晋軍（魏軍）を襄陵《じょうりょう》の地で敗った年の、五月乙亥《いつがい》の日」〈大司馬昭陽、晋師《しんし》を襄陵に敗るの歳、夏层《かし》の月、乙亥の日〉のように（図5－3）、使者の来訪や戦争を紀年としたものが目立つ。これは西周時代の大事紀年と

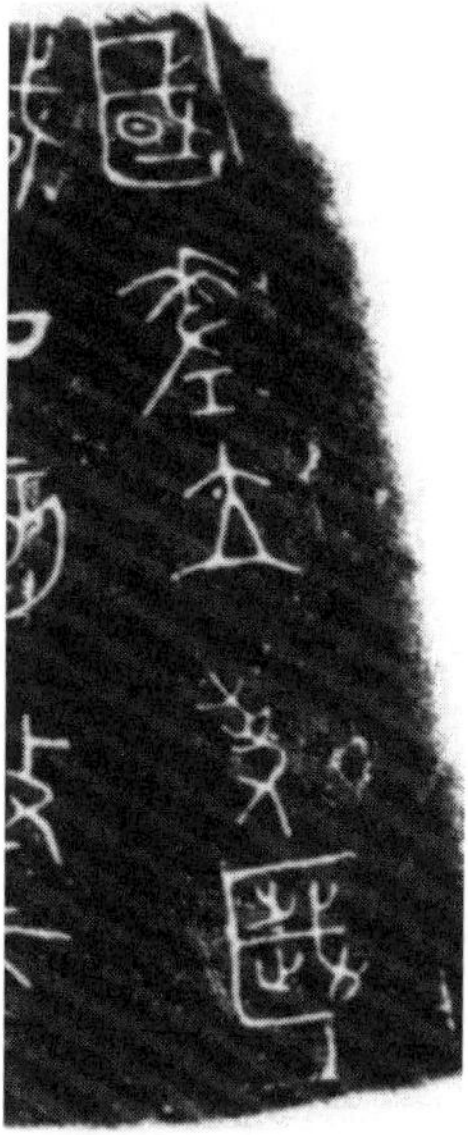

国差涖事歳

図5-2　国差𦉜

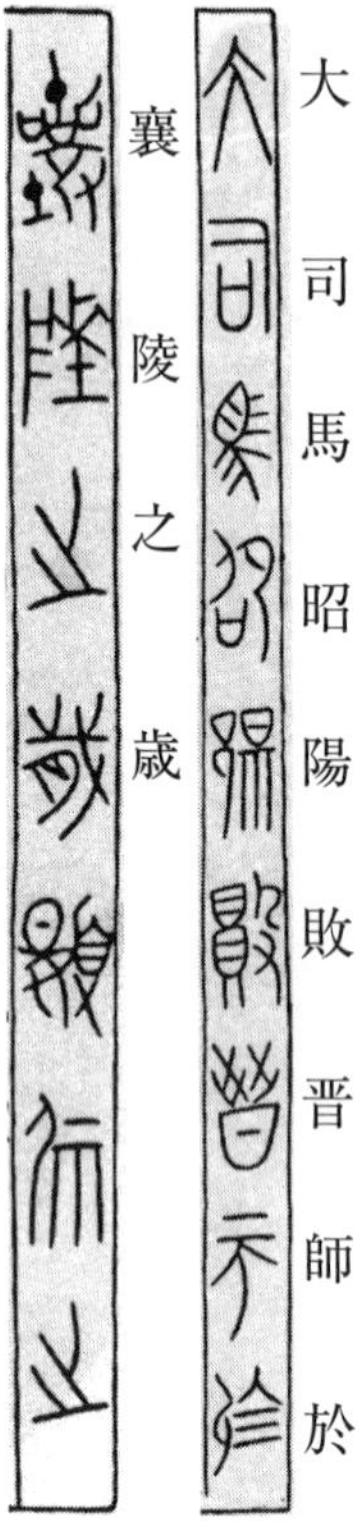

図5-3　鄂君啓節（模本）

そう性質が変わらない。

なお、鄂君啓節の事例は竹簡の包山簡《ほうざんかん》にも「大司馬の昭陽が魏軍を襄陵の地で敗った年の、七月庚午《こうご》の日」〈大司馬昭陽、晋師を襄陵に敗るの歳、夏⿱亦示《かえき》の月、庚午の日〉と同じ紀年を用いた例が存在しており、大事紀年が随意に決められたものではなく、公的な紀年として通用していたことがうかがわれる。双方の原文に見える「晋師」とは三晋の魏の軍隊を指す。

ちなみに書き下し文中に見える月の名前の「享月」や「夏⿸尸示の月」「夏⿱亦示の月」というのは、楚国で独自に用いられていた月名である。それぞれ六月、五月、七月を指す。

大事紀年を毎年設定してそれを年代順にまとめれば年表、年代記ができあがる。このような大事紀年の使用が、魯の『春秋』や魏の『竹書紀年《ちくしょきねん》』のような年表形式の年代記が各国で作られる基礎となったのかもしれない。

統一秦の時代になると、湖北省で出土した睡虎地秦簡《すいこちしんかん》の『編年記《へんねんき》』(『葉書《ようしょ》』とも)のように、地方の役人が個人で使用したと見られる年表が発見されている。『編年記』が出土した睡虎地秦墓一一号墓は、喜《き》という下級官吏の墓であるとされる。これは戦国秦の昭王《しょうおう》(昭襄王《しょうじょうおう》)元年(前三〇六年)に始まり、今《きん》三十年、すなわち当代の君主であった始皇帝の三十年(前二一七年)で終わっている。この年か、あるいはそこから遠くない時期に持ち主の喜が没したと見られる。

『編年記』が面白いのは、国家の歴史とともに喜の個人の歴史も記載されていることである。たとえば昭王四十七年の条には、「卌《よんじゅう》七年、長平《ちょうへい》を攻む」、すなわち秦と趙との長平の戦いの記録があるが、同じ年に「敢《かん》産まる」と、おそらく喜の弟と思われる敢の誕生についても記録されている。

『編年記』が出土した湖北省雲夢県の近辺では、ほかにも前章で引用した胡家草場漢簡《こかそうじょうかんかん》の『歳紀《さいき》』など、前漢時代の年表が複数出土しており、それぞれ『編年記』と同様に昭王元年から始まっていると言う。秦から前漢にかけて見本となるような年表がこの地域で頒布されていたのかもしれない。

†年号の誕生

戦国時代には、一部の国で君主の在位中に改元を行った事例が見える。古本『竹書紀年』によると、魏の恵王《けいおう》（恵成王《けいせいおう》）は在位三十六年にして改元を行い、以後は後元《こうげん》としてまた元年から数え直したという。これは在位期間が長いことによる措置であろう。秦の恵《けい》文王《ぶんおう》もやはり改元を行ったと伝えられている。恵文王の場合は在位十三年を区切りとし、十四年を元年とした。これはこの年に彼が王号を称したことによる措置である（王号を称する以前の恵文王は恵文君《けいぶんくん》と呼ばれる）。戦国時代には諸侯が次々と王と称するようになったのである。

それでは恵文王の子孫である始皇帝はというと、こちらは天下統一や皇帝号の採用を機に改元を行うという動きはなかった。始皇帝の在位年数は、天下統一以前の王であった時期から通算して数えたのである。統一以後の秦の同時代史料である睡虎地秦簡の『編年記』でもそのようになっている。

ただし始皇帝は、それまで正月が歳首、すなわち一年のはじまりとされていたのを、十月を歳首とするよう改め、正月の呼称も「端月《たんげつ》」と改めるなど、暦の改制を行っている。正月の呼称を改めたのは、彼の名である「正」（政）の字を避けるためであるとされる。

在位年を途中で区切る形での改元は前漢時代にも行われた。文帝の時代には、「人主延《じんしゅえん》寿《じゅ》」と刻まれた玉杯の入手を祥瑞《しょうずい》として、改元が行われている。文帝の紀年はこれ以後を後元とする。なお「人主延寿」とは、君主の寿命が長いというような意味である。祥瑞を機に改元するという風習は次代に受け継がれていく。

次の景帝は在位中に二度改元を行い、その治世を前元《ぜんげん》と中元《ちゅうげん》、後元に三分割している。文帝の在位年数は二十三年、景帝は十六年であったとされる。在位年数が二十年前後ある君主が二代も続くと、「一世一元《いっせいいちげん》」で君主の在位年数を数えるのは長すぎるという意識が生じてきたようである。

次の武帝の段階になると、改元のペースが速くなり、改元すると年号として名前がつくようになる。図5－4に武帝の時代の年号を表にまとめたが、ご覧の通り「建元《けんげん》」「元光《げんこう》」「元朔《げんさく》」といったように年号が定められている。そして太初《たいしょ》までは六年に一度、それ以後は四年に一度といった具合に定期的に改元が行われている。

年号の由来は、たとえば「元光」であれば彗星の出現、「元狩」は第四章で触れたように麒麟の捕獲、「元鼎」なら宝鼎の出現、「元封」は封禅の儀の施行を記念してといった具合に、祥瑞や記念すべき出来事にちなんで名づけられている。

しかしこれらの元号は最初からそのような名前がついていたわけではない。当初は「一

元	年号	年数	西暦
一元	建元	6年	前140～前135年
二元	元光	6年	前134～前129年
三元	元朔	6年	前128～前123年
四元	元狩	6年	前122～前117年
五元	元鼎	6年	前116～前111年
六元	元封	6年	前110～前105年
七元	太初	4年	前104～前101年
八元	天漢	4年	前100～前97年
九元	太始	4年	前96～前93年
十元	征和	4年	前92～前89年
十一元	後元	2年	前88～前87年

図5-4　武帝時代の年号

元」「二元」といったように機械的に呼称を定め、あとになってから、その間に発生した祥瑞などにちなんで年号を定めたとされている。いわば「後付け」の年号である。

それでは後の時代のように、最初から年号として呼称を定めるようになったのはいつからなのかというと、元鼎からとする説や太初からとする説、更には「建元」の銘が入った青銅器の存在を根拠として、武帝の最初の年号である建元から年号制度が施行されていたとする説もある。しかし辛徳勇や名和敏光のまとめるところによると、太初以前の武帝の元号が見える金文や簡牘については基本的に、偽作、あとの時期になってからの製作や追記、あるいは誤釈のいずれかに該当すると見た方がよいようである。

辛徳勇によると、最初から年号として施行されたのは太初からということである。すなわち司馬遷も参与した太初暦にちなんで名づけられたとされる年号である。もっとも、太初年間のあとも武帝の後元年間や、次の昭帝《しょうてい》の始元《しげん》年間（前八六年〜前八一年）のような年号が見られ、太初以後もしばらくは年号に固有の名称を定めるという制度、習慣がまだ完全には根付いていなかったことがうかがわれる。

†年号と歴史的評価

本章では、中国古代の紀年制度のあゆみをたどるとともに、西周時代から用いられた大事紀年が、『春秋』に代表される年表形式の年代記と年号制度の誕生の背景となった可能性があることを述べてきた。

王の在位年を紀年としていた時代は一世一元であったわけだが、君主の在位期間がある程度の長さを持つ場合に、これを分割したいというところから改元の制度が採用されるようになった。その分割された在位期間に名前をつけたのが年号というわけである。

本章で見たように、年号は元来その期間に発生した祥瑞などにちなんで名づけられる、言わば「後付け」のものだった。ところが武帝の太初年間以後に最初から年号として名前をつけるようになると、今度は逆に「このような世の中になればいい」と、縁起のいい字をつけて命名する予祝《よしゅく》としての意味合いが強くなっていく。歴史の記録とも関係する制度であったのが、そうではなくなってしまったのである。

周知のように年号制度は日本にも伝来した。日本では年号制度が導入されて間もない飛鳥時代や奈良時代には、地方から白雉《はくち》が献上されたことにちなんで年号を白雉と定めたり、国内ではじめて銅が発見されたことにより和銅《わどう》と定めたりといったように、前漢の武帝時代と同様に年号が瑞獣の発見など記念すべき出来事の記録として機能したことがあった。しかし日本の年号も次第に予祝としての性質が強まっていく。

そして中国では明《みん》の時代（一三六八年〜一六四四年）以後、ひとりの君主に年号をひとつに限定する一世一元の制度が採用され、日本も明治以後は一世一元の制を導入する。この制度は一般的に年号の使用による不便が少なくなったと評価されている。その反面、改元によってひとりの君主の在位期間を複数に分かつという年号制度の本来の主旨に反しているという批判も可能だろう。一世一元ならば西周時代のように「王の×年」という具合に年を数えればよく、そもそも年号に名前をつける必要がないのだから。

中国の明清《みんしん》王朝では一世一元の制の採用以後、皇帝は太祖《たいそ》とか文宗《ぶんそう》のような廟号《びょうごう》（死後に宗廟で祀る際の号）、あるいは文帝《ぶんてい》とか武帝《ぶてい》といった諡号《しごう》（死後に生前の事績を勘案して追贈される号）とは別に、永楽帝《えいらくてい》とか乾隆帝《けんりゅうてい》といったように、年号を冠した通称が広く用いられるようになった。

これはあくまでも通称である。しかし日本では明治以後、年号を天皇の正式の追号としてしまった。廟号、諡号であれば、褒め称えるにしろ批判するにしろそこにその治世に対する評価、更には歴史認識の視点が込められるはずである。ところが予祝の意味合いが強い年号をそのまま君主の正式の号としてしまうのでは、歴史認識や歴史的な評価を込めることができない。

本章では紀年や年号と絡めて暦についても言及した。年号という制度はもともと中国や日本の伝統的な暦である太陰太陽暦と結びついたものなのである。だが、現在我々が使用しているのは、本来キリストの生誕年を基準とした西暦と結びつくはずの、太陽暦の一種であるグレゴリオ暦である。グレゴリオ暦は言うまでもなく、キリスト教の一派であるカトリック教会の、時のローマ教皇の名前にちなんだものである。年号とグレゴリオ暦の併用という変則的な形に対しても、もっと批判があってもよい。

年号の歴史を追うことで、我々日本人はこのまま年号を使用するべきなのかという疑問が生じるはずである。

あとがき

本文中で触れたように、古い時代の中国において史学は儒学に従属していたという議論がある。正史の第一に数えられる『史記』にしても、漢王朝の宮廷図書目録とも言うべき『漢書』芸文志では、六芸略の春秋類に分類されている。すなわち五経のひとつ『春秋』と同種の書ということである。それが次第に儒家の書というよりは歴史書としてとらえられるようになったということであった。

渡邉義浩は、『史記』を編纂した司馬遷の主たる関心は『春秋』に倣い、また『春秋』を継承して自らの思想を語ることにあり、『史記』は思想書として編纂されたと主張する。そういう傾向が見られるのは確かである。同じく本文中で言及したように、『春秋』を強く意識しているのも確かである。

しかしその一方で、『史記』からは現代の歴史学につながるような発想も見出せる。このことを補足として述べておくことにする。

本書の第四章で、稲葉一郎の見解を踏まえて、司馬遷は『史記』の中で前王朝である秦や始皇帝に対する批判にかこつけて現在の統治者である前漢の武帝を批判しているのではないかと述べた。そして現在の物事や為政者を批判的に取り上げるのに際して、状況が似通っている過去の時代や人物などにかこつけるというやり方は、以後の時代の中国や日本に受け継がれたということであった。

必ずしも批判の意図をともなわなくても、歴史学の研究者が現在の状況を過去に投影して議論するというのは、日本や中国といった東アジア地域に限らずまま見られることである。

たとえばベトナム戦争やイラク戦争のように、世界的に人の耳目を集めるような戦争が起こり、その際に大国の振る舞いや凋落が取り沙汰されると、類似の状況が見られる歴史的事件や現象が歴史学の研究で注目されたりする。おそらく今般のロシアによるウクライナ侵攻もそうした研究を促すことになるだろう。

最近では新型コロナウイルスの世界的な流行を承け、疾病、ことに感染症をテーマとする論著が多く発表されている（実は筆者もそうしたプロジェクトに関わっている）。歴史学は大なり小なり現在の影が投影されるものなのである。

これは何も研究に限った話ではなく、学校の歴史の授業でも、授業で扱う事項について、しばしば現在の状況との類似が意識されるし、大学入試でもよく時事問題を意識した出題がなされる。

そういう文脈で、歴史学あるいは歴史教育は、確かにE・H・カーが『歴史とは何か』で述べているように「現在と過去のあいだの終わりのない対話」であると位置づけられる。そして現在の政治や社会に対する問題意識から過去の事象を議論する、あるいは過去の事象から現在の問題を見出すという態度の萌芽が見出せるという点で、『史記』は紛れもなく歴史書なのである。

*

前著『戦争の中国古代史』と『戦乱中国の英雄たち』の入稿の前後から、関節リウマチと重度の坐骨神経痛の発症、そして家族の病気と、度重なる困難に見舞われた。その間、リウマチの症状の悪化を理由に年度の途中で大学の講師の仕事を退職してご迷惑を掛けたり、あるいは仕事のご依頼を頂きながらもお断りしてしまったりしたこともあった。関係者の皆様にはこの場を借りてお詫びすることにしたい。

本書の執筆にあたっては、所属先の立命館大学および母校関西学院大学の図書館に大変お世話になった。そして本書の執筆を依頼し、編集を担当して頂いたちくま新書編集部の松本良次さん、いつも筆者を支えてくれる漢字学研究会の諸兄諸姉、療養中に研究の成果をご恵贈頂いた先生方（そのうちの一部は本書の参考文献に挙げさせて頂いた）、症状が悪化するたびに心配をかけた家族に感謝を捧げたい。なお、本書は日本学術振興会科学研究費補助金（課題番号：２２Ｋ００５４２および２２Ｈ００６０６）による成果の一部である。

諸国の民、日本の海洋を汚染するを難ずるの年、十月末日

佐藤信弥

主要参考文献

日本語文献と中国語文献を分けて掲載する。また複数の章で参照した文献については、最初に参照した章のみ掲載する。URLの最終確認日は、二〇二三年十月二十日である。

出土文献図録類

『合集』：郭沫若主編、中国社会科学院歴史研究所編『甲骨文合集』（中華書局、一九七七〜一九八二年）
『合補』：中国社会科学院歴史研究所編『甲骨文合集補編』（語文出版社、一九九九年）
『集成』：中国社会科学院考古研究所編『殷周金文集成（修訂増補本）』（中華書局、二〇〇七年）
『銘図』：呉鎮烽編『商周青銅器銘文暨図像集成』（上海古籍出版社、二〇一二年）
『銘続』：呉鎮烽編『商周青銅器銘文暨図像集成続編』（上海古籍出版社、二〇一六年）
『銘三』：呉鎮烽編『商周青銅器銘文暨図像集成三編』（上海古籍出版社、二〇二〇年）

まえがき

方方［著］、飯塚容・渡辺新一［訳］『武漢日記――封鎖下60日の魂の記録』（河出書房新社、二〇二〇年）

序　章

落合淳思「甲骨文通解　河南安陽市殷墟大司空村出土刻辞牛骨」（『漢字学研究』第八号、二〇二〇年）
崎川隆「甲骨文に見る殷代の編集技術」（稲畑耕一郎［監修］、劉煒［編］、尹盛平［著］、荻野友範・崎川

隆［訳］『図説中国文明史2　殷周――文明の原点』創元社、二〇〇七年。原著二〇〇一年）
単育辰「説〝兕〟」（『甲骨文所見動物研究』上海古籍出版社、二〇二〇年。初出二〇一五年）
王宇信・王紹東『中国古文字導読　殷墟甲骨文』（文物出版社、二〇一六年）
張惟捷「安陽大司空村新出牛骨刻辞考釈与性質試探」（『甲骨文与殷商史』新九輯、上海古籍出版社、二〇一九年）
中国国家博物館編『中国国家博物館館蔵文物研究叢書　甲骨巻』（上海古籍出版社、二〇〇七年）

第一章

佐藤信弥『周――理想化された古代王朝』（中公新書、二〇一六年）
佐藤信弥『中国古代史研究の最前線』（星海社新書、二〇一八年）
佐藤信弥『戦争の中国古代史』（講談社現代新書、二〇二一年）
佐藤信弥「春秋諸侯の西周史認識」（中国出土資料学会二〇二三年度第一回大会報告、二〇二三年）
白川静『説文新義』巻三下（『白川静著作集別巻』、平凡社、二〇〇二年。初版一九七〇年）
高島敏夫「西周〈昭穆期〉の位相」（『西周王朝論《話体版》』、朋友書店、二〇一七年）
高野義弘「甲骨文字史料の集計・分析を中心とする（史字）の再解釈」（『歴史学研究』第九一六号、二〇一四年）
谷秀樹「西周代陝東戦略考――「𠂤」との関わりを中心にして――（西周中期改革考（3））」（『立命館文学』第六二六号、二〇一二年）
馬越靖史「金文通解　逨盤」（『漢字学研究』第二号、二〇一四年）
松井嘉徳『記憶される西周史』（朋友書店、二〇一九年）

「呉虎鼎銘考釈――西周後期、宣王朝の実像を求めて」（初出二〇〇四年）
「記憶される西周史――逨盤銘の解読」（初出二〇〇五年）
「はじまりの記憶――銘文と詩篇のなかの祖考たち」（初出二〇〇八年）
「鳴り響く文字――青銅礼器の銘文と声」（初出二〇〇九年）
「顧命の臣――西周、成康の際」（初出二〇一六年）
三輪健介「金文通解　子犯鐘」（『漢字学研究』第一号、二〇一三年）
山本堯『太古の奇想と超絶技巧　中国青銅器入門』（新潮社、二〇二三年）

陳民鎮「曾公畎編鐘銘文補説」（『漢字漢語研究』二〇二〇年第四期）
程浩「周人所受〝大命〟本旨発微」（『文史哲』二〇二二年第四期）
湖北省文物考古研究所等「湖北随州市棗樹林春秋曾国貴族墓地」（『考古』二〇二〇年第七期）
雷晋豪「西周昭王南征的重建与分析」（『文史』二〇二二年第三期）
李峰『西周的滅亡：中国早期国家的地理和政治危機（増訂本）』（上海古籍出版社、二〇一六年。原刊二〇〇六年）
湯志彪「〝甲子朝歳貞克聞夙有商〟解詁」（『歴史研究』二〇一九年第三期）
田国励「也説子犯編鐘的〝御〟字」（『青銅器与金文』第九輯、上海古籍出版社、二〇二二年）
王国維「釈史」（『観堂集林』巻六、中華書局、一九五九年。初版一九二一年）
王輝『中国古文字導読　商周金文』（文物出版社、二〇〇六年）
王明珂『華夏辺縁：歴史記憶与族群認同（増訂本）』（浙江人民出版社、二〇一三年。初版一九九七年）
「華夏辺縁的形成：周人族源伝説」
「華夏対西周的記憶与失憶」

巫鴻［著］、李清泉・鄭岩等［訳］「礼制芸術的時代」（『中国古代芸術与建築中的〝紀念碑性〟』上海人民出版社、二〇〇九年）
楊伯峻『春秋左伝注（修訂本）』（中華書局、一九九〇年第二版。初版一九八一年）

第二章

浅野裕一「清華簡『楚居』初探」（浅野裕一・小沢賢二『出土文献から見た古史と儒家経典』汲古書院、二〇一二年。初出二〇一一年）
江村知朗「春秋時代の「国際」秩序について―その原理と始祖伝説―」（『集刊東洋学』第八七号、二〇〇二年）
ガナナート・オベーセーカラ［著］、中村忠男［訳］『キャプテン・クックの列聖――太平洋におけるヨーロッパ神話の生成』（みすず書房、二〇一五年。原著初版一九九二年）
黄徳寛［著］、草野友子［監訳］、鳥羽加寿也・原毎輝・六車楓［訳］「安徽大学蔵戦国竹簡概述」（『中国研究集刊』第六四号、二〇一八年。原著二〇一七年）
白川静［訳注］『詩経国風』（平凡社東洋文庫、一九九〇年）
白川静［訳注］『詩経雅頌』（平凡社東洋文庫、一九九八年）
西江清高「関中平原に登場した都城圏と畿内的諸地域」（『西周王朝の形成と関中平原』同成社、二〇一九年）
G・W・F・ヘーゲル［著］、長谷川宏［訳］『美学講義』下巻（作品社、一九九六年）
目加田誠［訳］『詩経・楚辞』（平凡社、中国古典文学大系15、一九六九年）
吉本道雅「呉――系譜の分析」（『中国先秦史の研究』京都大学学術出版会、二〇〇五年。初出二〇〇〇年）

王明珂「辺縁人群華夏化歴程：呉太伯的故事」（『華夏辺縁：歴史記憶与族群認同（増訂本）』浙江人民出版社、二〇一三年。初版一九九七年）

第三章

浅野裕一「史書としての清華簡『繫年』の性格」（浅野裕一・小沢賢二『出土文献から見た古史と儒家経典』汲古書院、二〇一二年）
稲葉一郎『中国の歴史思想――紀伝体考』（創文社、一九九九年）
稲葉一郎「韓非子の歴史認識――戦国諸子における歴史観の発展（二）」（『中国史学史の研究』京都大学学術出版会、二〇〇六年、初出一九九八年）
尾形勇・平勢隆郎『〈世界の歴史2〉中華文明の誕生』（中公文庫、二〇〇九年。原刊一九九八年）
小倉芳彦『中国古代政治思想研究』（『春秋左氏伝研究――小倉芳彦著作選Ⅲ』論創社、二〇〇三年。初版一九七〇年）
鎌田正『左伝の成立と其の展開』（大修館書店、一九六三年）
草野友子「上博楚簡『成王為城濮之行』の構成とその特質」（『中国新出土文献の思想史的研究――故事・教訓書を中心として』汲古書院、二〇二二年。初出二〇一四年）
小寺敦「清華簡『繫年』訳注・解題」（『東洋文化研究所紀要』第一七〇冊、二〇一六年）
小寺敦「清華簡『鄭武夫人規孺子』訳注」（『東洋文化』第九九号、二〇一九年）
佐藤信弥「歴史評価としての共伯和」（『中国古代史論叢』第九集、二〇一七年）
野間文史『春秋学――公羊伝と穀梁伝』（研文出版、二〇〇一年）
野間文史『春秋左氏伝――その構成と基軸』（研文出版、二〇一〇年）

野間文史『五経入門――中国古典の世界』(研文出版、二〇一四年)
平林美理「「息嬀説話」考――その変遷から見た春秋時代における女性の再婚の位置づけ」(早稲田大学長江流域文化研究所[編]『中国古代史論集――政治・民族・術数』雄山閣、二〇一六年)
平林美理「清華簡「鄭武夫人規孺子」と春秋時代の国君夫人の役割の変遷」(中国出土資料学会二〇二二年度第二回大会報告、二〇二二年)
水野卓「『繫年』の資料的性格」(『春秋時代の統治権研究』汲古書院、二〇二〇年)
吉本道雅『史記を探る――その成り立ちと中国史学の確立』(東方書店、一九九六年)
吉本道雅「清華簡繫年考」(『京都大学文学部研究紀要』第五二号、二〇一三年)
吉本道雅「前4世紀中国における歴史認識の変容――時代区分としての「春秋時代」の出現」(史学研究会大会公開講演資料、二〇一八年)
陳偉「不禁想起《鐸氏微》」(簡帛網、二〇一一年一二月一九日、http://www.bsm.org.cn/?chujian/5783.html)
方詩銘・王修齢[撰]『古本竹書紀年輯証(修訂本)』(上海古籍出版社、二〇〇五年)
李守奎「楚文献中的教育与清華簡《繫年》性質初探」(『古文字与古史考――清華簡整理研究』中西書局、二〇一五年。初出二〇一五年)
劉光勝『清華簡《繫年》与《竹書紀年》比較研究』(中西書局、二〇一五年)
許兆昌『《繫年》、《春秋》、《竹書紀年》的歴史叙事』(中西書局、二〇一五年)
張政烺「《春秋事語》解題」(『文物』一九七七年第一期)
趙暁斌「湖北荊州王家嘴M七九八出土戦国楚簡《孔子曰》概述」(『江漢考古』二〇二三年第二期)

第四章

秋山陽一郎「劉向校書以前における書物の通行形態」(『劉向本戦国策の文献学的研究　二　劉校書研究序説』朋友書店、二〇一八年。初出二〇〇五年)
稲葉一郎「秦始皇の思想統制について」(殷周秦漢時代史の基本問題編集委員会［編］『殷周秦漢時代史の基本問題』汲古書院、二〇〇一年)
稲葉一郎「『史記』の成立」(『中国史学史の研究』京都大学学術出版会、二〇〇六年)
金谷治「古佚書「経法」等四篇について」(『金谷治中国思想史論集　中巻　儒家思想と道家思想』平河出版社、一九九七年。初出一九七九年)
古勝隆一『目録学の誕生――劉向が生んだ書物文化』(臨川書店、二〇一九年)
胡平生［著］、田中幸一［翻訳］「阜陽漢簡『年表』整理札記」(『史泉』第七〇号、一九八九年)
佐藤信弥「歴史評価としての共伯和」(『中国古代史論叢』第九集、二〇一七年)
佐藤武敏『司馬遷の研究』(汲古書院、一九九七年)
武田泰淳『司馬遷』(中公文庫、二〇二二年。原刊一九四三年)
冨谷至『木簡・竹簡の語る中国古代――書記の文化史(増補新版)』(岩波書店、二〇一四年。初版二〇〇三年)
鶴間和幸『人間・始皇帝』(岩波新書、二〇一五年)
鶴間和幸『始皇帝の愛読書――帝王を支えた書物の変遷』(山川出版社、二〇二三年)
藤田勝久「司馬遷と《太史公書》の成立」(『史記秦漢史の研究』汲古書院、二〇一五年。初出一九九九年)
藤田勝久「『史記』の史料論と出土史料――その構造と歴史観」(『資料学の方法を探る』(二〇)、二〇二一年)

藤田勝久「『史記』の史料論と胡家草場漢簡「歲紀」」（『資料学の方法を探る』（二一）、二〇二二年）
藤田勝久「司馬遷」（『アジア人物史第1巻　神話世界と古代帝国』集英社、二〇二三年）
藤田勝久『史記の再発見』（汲古書院、二〇二三年）
余嘉錫［著］、古勝隆一・嘉瀬達男・内山直樹［訳注］『古書通例』（平凡社東洋文庫、二〇〇八年。原著一九八五年）
渡邉義浩『中国における正史の形成と儒教』（早稲田大学出版部、二〇二一年）
陳侃理「《史記》与《趙正書》――歴史記憶的戦争」（『中国史学』第二六巻、二〇一六年）
朱鳳瀚「北大蔵秦簡《従政之経》述要」（『文物』二〇一二年第六期）

終　章

佐藤信弥「年号以前――中国で年号制度ができるまで」（近鉄文化サロン上本町講演資料、二〇一九年、https://researchmap.jp/satoshin257/social_contribution/2632600）
多田伊織「受命と改元――漢末の改元をめぐって」（水上雅晴編、髙田宗平編集協力『年号と東アジア――改元の思想と文化』八木書店、二〇一九年）
名和敏光「中国出土資料紀年考」（水上雅晴編、髙田宗平編集協力『年号と東アジア―改元の思想と文化―』八木書店、二〇一九年）
宋鎮豪『夏商社会生活史』（中国社会科学出版社、二〇〇五年）
夏商周断代工程専家組［編著］『夏商周断代工程報告』（科学出版社、二〇二二年）
辛徳勇『建元与改元――西漢新莽年号研究』（中華書局、二〇一三年）

あとがき

E・H・カー［著］、近藤和彦［訳］『歴史とは何か　新版』（岩波書店、二〇二二年。原著初版一九六一年）

図版出典

図0-1　1：中田勇次郎［責任編集］『中国書道全集』第一巻（平凡社、一九八八年）、一三三頁。2：松丸道雄『甲骨文の話』（大修館書店あじあブックス、二〇一七年）、一八九頁。
図0-2　『合集』一〇四〇五正。
図0-3　1・2：ともに『合補』一一二九九。
図0-4　1：甘粛省博物館・中国科学院考古研究所編『武威漢簡』（中華書局、二〇〇五年再版。初版一九六四年）、図版貳肆。2：劉釗・馮克堅主編『甲骨文常用字字典』（中華書局、二〇一九年）、二一頁。3：何毓霊「河南安陽市殷墟大司空村出土刻辞牛骨」（『考古』二〇一八年第三期）、図五。
図1-1　1：高明・涂白奎［編著］『古文字類編（増訂本）』（上海古籍出版社、二〇〇八年）、一五〇二頁。2：同、一五〇三頁。3：巫鴻［著］、李清泉・鄭岩等［訳］「礼制芸術的時代」（『中国古代芸術与建築中的〝紀念碑性〟』上海人民出版社、二〇〇九年）、六七頁。
図1-2　『集成』二八二九。
図1-3　劉釗・馮克堅［主編］『甲骨文常用字字典』（中華書局、二〇一九年）、二〇四頁。
図1-4　佐藤信弥『周――理想化された古代王朝』（中公新書、二〇一六年）、図一-五。
図1-5　陝西省文物局・中華世紀壇芸術館［編］『盛世吉金：陝西宝鶏眉県青銅器窖蔵』（北京出版社、二〇〇三年）、三〇頁。
図1-6　宇都木章『春秋時代の貴族政治と戦乱』（比較文化研究所、二〇一三年）、二〇頁を改変。
図1-7　楊鴻勛「西周岐邑建築遺址初歩考察」（『文物』一九八一年第三期）、図三を改変。
図1-8　郭長江・凡国棟・陳虎・李暁楊「曾公畩編鐘銘文初歩釈読」（『江漢考古』二〇二〇年第一

期)、図版三、模本三。

図1-9　『銘図』二二七三。

図1-10　1：湖北省文物考古研究所・随州市博物館「湖北随州葉家山M一一一発掘簡報」(『江漢考古』二〇二〇年第二期)、図版二八。2：同、図版八二-五。

図2-1　佐藤信弥『周——理想化された古代王朝』(中公新書、二〇一六年)、図一-一。

図2-2　袁行霈等［原著主編］、稲畑耕一郎［日本語版監修・監訳］、角道亮介［翻訳］『北京大学版中国の文明1　古代文明の誕生と展開〈上〉』(潮出版社、二〇一六年。原刊二〇〇六年)、四八四頁系図を改変。

図3-1　松丸道雄・永田英正『ビジュアル版世界の歴史5　中国文明の成立』(講談社、一九八五年)、一二四頁を改変。

図3-2　李学勤［主編］、清華大学出土文献研究与保護中心［編］『清華大学蔵戦国竹簡(陸)』(中西書局、二〇一六年)、上冊、二七頁。

図3-3　馬承源［主編］『上海博物館蔵戦国楚竹書(九)』(上海古籍出版社、二〇一二年)、二七頁。

図3-4　譚其驤［主編］『中国歴史地図集』第一冊(地図出版社、一九八二年)、二九頁を改変。

図3-5　中田勇次郎［責任編集］『中国書道全集』第一巻(平凡社、一九八八年)、図版四頁。

図4-1　中田勇次郎［責任編集］『中国書道全集』第一巻(平凡社、一九八八年)、図版三頁。

図4-2　1：北京大学出土文献研究所［編］『北京大学蔵西漢竹書』［弐］(上海古籍出版社、二〇一二年)、三二頁。2：北京大学出土文献研究所［編］『北京大学蔵西漢竹書』［参］(上海古籍出版社、二〇一五年)、一五八頁。

図4-3　荊州博物館・武漢大学簡帛研究中心［編著］『荊州胡家草場西漢簡牘選粋』(文物出版社、二〇二一年)、一〇頁。

図4－4　1：『百衲本二十四史　史記』（台湾商務印書館、一九六七年）、二一三頁。2：胡平生［著］、田中幸一［翻訳］「阜陽漢簡『年表』整理札記」（『史泉』第七〇号、一九八九年）、三三頁。
図5－1　『集成』二七五一。
図5－2　游国慶［主編］『二十件非看不可的故宮金文』（国立故宮博物院、二〇一二年）、九四頁を改変。
図5－3　『集成』一二一一〇B。
図5－4　著者作成。

ちくま新書
1771

古代中国王朝史《こだいちゅうごくおうちょうし》の誕生《たんじょう》
――歴史《れきし》はどう記述《きじゅつ》されてきたか

二〇二四年一月一〇日　第一刷発行

著者　佐藤信弥（さとう・しんや）
発行者　喜入冬子
発行所　株式会社　筑摩書房
東京都台東区蔵前二-五-三　郵便番号一一一-八七五五
電話番号〇三-五六八七-二六〇一（代表）
装幀者　間村俊一
印刷・製本　株式会社　精興社

ISBN978-4-480-07583-3 C0222

ちくま新書

1460
世界哲学史1
――古代Ⅰ　知恵から愛知へ
［責任編集］伊藤邦武／山内志朗
中島隆博／納富信留

人類は文明の始まりに世界と魂をどう考えたのか。古代オリエント、旧約聖書世界、ギリシアから、中国、インドまで、世界哲学が立ち現れた場に多角的に迫る。

1461
世界哲学史2
――古代Ⅱ　世界哲学の成立と展開
［責任編集］伊藤邦武／山内志朗
中島隆博／納富信留

キリスト教、仏教、儒教、ゾロアスター教、マニ教などの宗教的思考について哲学史の観点から領域横断的に検討。「善悪と超越」をテーマに、宗教的思索の起源に迫る。

1462
世界哲学史3
――中世Ⅰ　超越と普遍に向けて
［責任編集］伊藤邦武／山内志朗
中島隆博／納富信留

七世紀から一二世紀まで、ヨーロッパ、ビザンツ、イスラーム世界、中国やインド、そして日本の多様な形而上学の発展を、相互の豊かな関わりのなかで論じていく。

1463
世界哲学史4
――中世Ⅱ　個人の覚醒
［責任編集］伊藤邦武／山内志朗
中島隆博／納富信留

モンゴル帝国がユーラシアを征服し世界が一体化へと向かう中、世界哲学はいかに展開したか。天や神など超越者に還元されない「個人の覚醒」に注目し考察する。

1464
世界哲学史5
――中世Ⅲ　バロックの哲学
［責任編集］伊藤邦武／山内志朗
中島隆博／納富信留

近代西洋思想は、いかにイスラームの影響を受けたスコラ哲学によって準備され、世界へと伝播したか。中国・朝鮮・日本までを視野に入れて多面的に論じていく。

1465
世界哲学史6
――近代Ⅰ　啓蒙と人間感情論
［責任編集］伊藤邦武／山内志朗
中島隆博／納富信留

啓蒙運動が人間性の復活という目標をもっていたことを、東西の思想の具体例とその交流の歴史から浮き彫りにしつつ、一八世紀の東西の感情論へのまなざしを探る。

1466
世界哲学史7
――近代Ⅱ　自由と歴史的発展
［責任編集］伊藤邦武／山内志朗
中島隆博／納富信留

旧制度からの解放を求めた一九世紀の「自由の哲学」とは何か。欧米やインド、日本などでの知的営為を俯瞰し、自由の意味についての哲学的探究を広く渉猟する。

ちくま新書

1467
世界哲学史8
――現代　グローバル時代の知
〔責任編集〕伊藤邦武／山内志朗
中島隆博／納富信留

西洋現代哲学、ポストモダン思想から、イスラーム、中国、日本、アフリカなど世界各地の現代哲学までを渉猟し、現代文明の危機を打開する哲学の可能性を探る。

1534
世界哲学史 別巻
――未来をひらく
〔責任編集〕伊藤邦武／山内志朗
中島隆博／納富信留

古代から現代までの『世界哲学史』全八巻を踏まえ、論じ尽くされていない論点、明らかになった新たな課題について考察し、未来の哲学の向かうべき先を考える。

1207
古墳の古代史
――東アジアのなかの日本
森下章司

社会変化の「渦」の中から支配者が出現した、古墳時代の中国・朝鮮・倭。一体何が起こったのか。日本と他地域の共通点と、明白な違いとは。最新考古学から考える。

1247
建築から見た日本古代史
武澤秀一

飛鳥寺、四天王寺、伊勢神宮などの古代建築群を手がかりに日本誕生に至る古代史を一望する。仏教公伝、皇祖神創造、生前退位は如何に三次元的に表現されたのか？

1300
古代史講義
――邪馬台国から平安時代まで
佐藤信編

古代史研究の最新成果と動向を一般読者にわかりやすく伝えるべく15人の専門家の知を結集。列島史の全体像が1冊でつかめる最良の入門書。参考文献ガイドも充実。

1391
古代史講義【戦乱篇】
佐藤信編

日本の古代を大きく動かした15の戦い・政争を最新研究に基づき正確に叙述。通時的に歴史展開を見通すとともに、時代背景となる古代社会のあり方を明らかにする。

1579
古代史講義【氏族篇】
佐藤信編

大伴氏、物部氏、蘇我氏、藤原氏から源氏、平氏、奥州藤原氏まで――各時期に活躍した代表的氏族の展開を、最新研究から見通し、古代社会の実情を明らかにする。

ちくま新書

1406
考古学講義
北條芳隆編
科学的手法の進展により新発見の続く考古学。その最先端をわかりやすく伝えるとともに、通説をそのままなぞるような水準にとどまらない挑戦的な研究を紹介する。

1746
古代史講義【海外交流篇】
佐藤信編
邪馬台国・倭の五王時代から、平安時代の鴻臚館交易まで、対外交流のなかから日本という国が立ち現れてくる様を、最新の研究状況を紹介しながら明らかにする。

1480
古代史講義【宮都篇】
佐藤信編
飛鳥の宮から平城京・平安京などの都、太宰府、平泉まで古代の代表的宮都を紹介。最新の発掘・調査成果をもとに都市の実像を明らかにし、古代史像の刷新を図る。

1755
古代日本の宮都を歩く
村井康彦
飛鳥京から平安京まで、王宮が遷都と造都を繰り返して都市文化がつくられた。歴史家が自ら現地を歩き、文献史料を再検討し、宮都の知られざる史実を掘り起こす。

1497
人事の古代史
――律令官人制からみた古代日本
十川陽一
報復左遷、飼い殺し、飼い慣らし……。天皇を中心に国を統治をするために様々な人の差配が必要となった。国家の礎となる官人とその支配制度に光を当てた一冊。

1555
女帝の古代王権史
義江明子
古代天皇継承は女系と男系の双方を含む「双系」的なものだった。卑弥呼、推古、持統らに焦点を当て古代王権史を一望。男系の万世一系という天皇像を書き換える。

1628
邪馬台国再考
――女王国・邪馬台国・ヤマト政権
小林敏男
畿内ヤマト国（邪馬台国）と北九州ヤマト国（女王国）は別の国で、卑弥呼は後者の女王だった。長年の歴史学の文献研究に基づき、古代史最大の謎を解き明かす。

ちくま新書

1646
縄文と世界遺産
――人類史における普遍的価値を問う
根岸洋
２０２１年、「北海道・北東北の縄文遺跡群」が世界遺産になった。世界は「縄文」をどう評価したか。その選定過程から浮かび上がる人類の「普遍的価値」を考える。

1703
古代豪族 大神氏
――ヤマト王権と三輪山祭祀
鈴木正信
ヤマト王権の国家祭祀を担った氏族、大神（おおみわ）氏。三輪山周辺が政治の舞台だった五～六世紀に祭祀を職掌として台頭した大神氏と古代王権の実態を解明する。

1712
東北史講義【古代・中世篇】
東北大学日本史研究室編
辺境の地として倭人の大国に侵食された古代。豊かな天然資源が交易を支え、活発な交流が多様で独自性に富んだ地域を形成した中世。東北の成り立ちを読み解く。

1713
東北史講義【近世・近現代篇】
東北大学日本史研究室編
米穀供給地として食を支え、近代以降は学都・軍都として人材も輩出、戦後は重工業化が企図された。度重なる災害も念頭に、中央と東北の構造を立体的に描き出す。

1126
骨が語る日本人の歴史
片山一道
縄文人は南方起源ではなく、じつは「弥生人顔」も存在しなかった。骨考古学の最新成果に基づき、歴史学の通説を科学的に検証。日本人の真実の姿を明らかにする。

1348
現代語訳 老子
保立道久訳／解説
古代中国の古典「老子」。二千年以上も読み継がれてきたそのテキストを明快な現代語に解きほぐし、老子像を刷新。また、日本の神話と神道の原型を発見する。

1474
『論語』がわかれば日本がわかる
守屋淳
「上下関係」「努力信仰」「気持ち主義」……日本人を無意識に縛る価値観はどこから来るのか。学校や会社に浸透した『論語』の教えを手掛かりに、その淵源を探る。

ちくま新書

1280
兵学思想入門
——禁じられた知の封印を解く
拳骨拓史

明治維新の原動力となった日本の兵学思想。その独自の国家観・戦争観はいつ生まれ、いかに発展し、なぜ封印されるに至ったのか。秘められた知の全貌を解き明かす。

888
世界史をつくった海賊
竹田いさみ

スパイス、コーヒー、茶、砂糖、奴隷……歴史の陰には、常に奴らがいた。開拓の英雄であり、略奪者で厄介者でもあった〝国家の暴力装置〟から、世界史を捉えなおす！

935
ソ連史
松戸清裕

二〇世紀に巨大な存在感を持ったソ連。「冷戦の敗者」「全体主義国家」の印象で語られがちなこの国の内実を丁寧にたどり、歴史の中での冷静な位置づけを試みる。

1082
第一次世界大戦
木村靖二

第一次世界大戦こそは、国際体制の変化、女性の社会進出、福祉国家化などをもたらした現代史の画期である。戦史的経過と社会的変遷の両面からたどる入門書。

1147
ヨーロッパ覇権史
玉木俊明

オランダ、ポルトガル、イギリスなど近代ヨーロッパ諸国の台頭は、世界を一変させた。本書は、軍事革命、大西洋貿易、アジア進出など、その拡大の歴史を追う。

1177
カストロとフランコ
——冷戦期外交の舞台裏
細田晴子

キューバ社会主義革命の英雄と、スペイン反革命の指導者。二人の「独裁者」の密かなつながりとは何か。未開拓の外交史料を駆使して冷戦下の国際政治の真相に迫る。

1206
銀の世界史
祝田秀全

世界中を駆け巡った銀は、近代工業社会を生み世界経済の一体化を導いた。銀を読みといて、コロンブスから産業革命、日清戦争まで、世界史をわしづかみにする。

ちくま新書

1255 縄文とケルト——辺境の比較考古学　松木武彦
新石器時代、大陸の両端にある日本とイギリスは独自の非文明型の社会へと発展していく。二国を比較することでわかるこの国の成り立ちとは？　驚き満載の考古学！

1278 フランス現代史　隠された記憶——戦争のタブーを追跡する　宮川裕章
第一次大戦の遺体や不発弾処理で住めない村。第二次大戦の対独協力の記憶。見捨てられたアルジェリアのフランス兵アルキ……。等身大の悩めるフランスを活写。

1295 集中講義！ギリシア・ローマ　桜井万里子　本村凌二
古代、大いなる発展を遂げたギリシアとローマ。これらの歴史を見比べると、世界史における政治、思想、文化の原点が見えてくる。学びなおしにも最適な一冊。

1335 ヨーロッパ　繁栄の19世紀史——消費社会・植民地・グローバリゼーション　玉木俊明
第一次世界大戦前のヨーロッパは、イギリスを中心に空前の繁栄を誇っていた。奴隷制、産業革命、蒸気船や電信の発達……その栄華の裏にあるメカニズムに迫る。

1347 太平洋戦争　日本語諜報戦——言語官の活躍と試練　武田珂代子
太平洋戦争で活躍した連合国軍の言語官。収容所から集められた日系二世の葛藤、養成の違いに見る米英豪加の各国軍事情……。語学兵の実像と諜報戦の舞台裏。

1377 ヨーロッパ近代史　君塚直隆
なぜヨーロッパは世界を席巻することができたのか。「宗教と科学の相剋」という視点から、ルネサンスに始まり第一次世界大戦に終わる激動の五〇〇年を一望する。

1400 ヨーロッパ現代史　松尾秀哉
第二次大戦後の和解の時代が終焉し、大国の時代が復活し、危機にあるヨーロッパ。その現代史の全貌を、国際関係のみならず各国の内政との関わりからも描き出す。